史籍校勘与汉印研究

陈永中 ◎ 著

中国文史出版社

自　序

　　30 多年的时间，笔者能够写出 30 多篇校勘文章，还能够研究数十枚汉印，得益于有一套《史记》、一套《汉书》及一套《后汉书》，有了这些史书，才能够校勘数十篇文章，才能够研究数十枚汉印。此时，笔者正在盐池县城学校担任教师，《史记》与《汉书》及《后汉书》等史书，笔者没有能力买到。因为笔者爱好收藏古代铜钱币，有些古钱币笔者无法辨认，遂将这些钱币带往宁夏回族自治区博物馆，请李志清先生、钟侃先生、牛达生先生指导，并向他们借阅有关书籍作参考。因此笔者与区博物馆的人员结了缘。

　　1978 年 8 月 20 日，自治区博物馆的牛达生、吴峰云、马森林三人，到盐池县笔者家中，想购买笔者的部分藏品。笔者表示，愿将收藏的 96 种物件：32 枚汉印、数十枚汉代钱币及箭镞等捐给区博物馆，要求区博物馆给笔者购买一套《史记》、一套《汉书》。但是，当时银川市的新华书店没有《史记》与《汉书》，他们只好到北京市购买了《史记》与《汉书》，并派人送到盐池县的学校图书馆。过了三个多月，笔者到学校图书馆中查找资料，才知道《史记》与《汉书》已经送来了。

有了《史记》与《汉书》，笔者开始阅读、学习，并以卡片的方式摘录了《史记》与《汉书》的重要内容，还先后写了数十篇研究性的文章，服务了编修《盐池县志》的工作。

1984年，笔者调回灵武市，编修《灵武市志》期间，陆续购买了《史记》《汉书》之外的二十四史及《资治通鉴》《艺文类聚》《经籍纂诂》等史书。众多的史书，组成了一个小规模的图书馆。

2000年，笔者被聘为宁夏回族自治区文史馆研究员，由于对《史记》与《汉书》的内容有较多了解，陆续写出了100多篇研究性的文章，还写了30多篇校勘论文。这些论文多数发表在自治区文史馆的《宁夏文史》之中，也有少数发表在区外的刊物中，并获得了奖励。

约在2010年，陈璞儿给笔者购买了《汉书辞典》与《后汉书辞典》，这两部辞书帮助笔者校勘了数篇论文。之后，"小规模的图书馆"中又增加了《水经注》等许多史书及10多本《汉印印谱》。这些众多的书籍，方便了、服务了笔者编修《灵武市志》的工作，也服务了《陈永中盐池历史研究文集》一书，还服务了《中国·宁夏地域文化通览》一书，又服务了《银川建城史再研究》一书，更服务了即将出版的《史籍校勘与汉印研究》一书。

是为序。

陈永中

2024 年 3 月 9 日

目 录

史籍校勘与汉印研究

"犁汙王"与"犁汗王"考辨

———《汉书》校勘之二①

根据《汉书》与《资治通鉴》的记载，西汉时期，匈奴属下有个"犁汙"部族，犁汙部族的首领称为"犁汙王"。但是，从《汉书》的记载来看，对"犁汙王"的书写又不完全相同，有时把"犁汙"部族写为"犁汗"部族，把"犁汙王"写成"犁汗王"。《汉书》中这个书写不一的问题，长时期内没有引起注家的注意，因此，造成了现在论者引文中的写法也各不相同，实有考辨之必要。

一、"犁汙王"与"犁汗王"的书写问题

"犁汙王"或"犁汗王"，《汉书》②中先后凡七见，《资治通鉴》③

①《"犁汙王"与"犁汗王"考辨》一文是笔者校勘《汉书》之二，笔者校勘《汉书》之一:《汉书·五行志》校勘一则，已刊登在《陈永中盐池历史研究文集》中。

②《汉书》为1962年6月第1版,1975年4月第3次印刷，中华书局出版。

③《资治通鉴》为1956年6月第1版,1982年7月山东第5次印刷，中华书局出版。

中先后凡四见。以流行广泛的武英殿本为例，其中五处写为"犁汙"，二处写为"犁汗"；以中华书局校勘本为例，其中四处写为"犁汙"，三处写为"犁汗"；以《资治通鉴》为例，其中的四次记载，全部写的是"犁汙"。综合两种校勘本的《汉书》与《资治通鉴》的记载，写为"犁汙"的共十三次，写为"犁汗"的共五次。为了使要讨论的问题得到科学的结论，现将它们的出处摘抄于下：

1.《汉书·匈奴传上》（3783页）中记载有"犁汙王"四次。

2.《汉书·匈奴传上》（3786页）中记载有"犁汙都尉"一次。《册府元龟·外臣部·交侵》①中记载为"犁汗都尉"。

3.《汉书·匈奴传下》（3822页）中记载有"左犁汗王成"一次。

4.《汉书·匈奴传下》（3823页）中记载有"南犁汗王南将军"一次。

5.《汉书·匈奴传下》（3823页）中记载有"右犁汗王成"一次。

6.《汉书·西域传下》（3905页）中记载有"黎汙都尉"一次。

7.《汉书·景武昭宣元成功臣表》（668页）中记载有"黎汙王"一次。

8.《资治通鉴》第2册767、768页中都写为"犁汙王"。

上述记载中的"犁汙王""犁汗王""黎汙王"，都指的是同一个部落首领，这是毫无疑问的，其中的"犁"写为"黎"，或者

　　①《册府元龟》为1960年6月第1版，1982年11月北京第2次印刷，中华书局出版。

"犁",音同字不同,这是《汉书》中常见的现象,不足为怪。但上述八例中,"汙"字写为"汗"字,不但字形有别,而且字音的差别也极大。"汙"的读音为"wū",同污(也可以写为"淤"),"汗"的读音为"hàn","汙"与"汗"的读音是不能代替转换的。《汉书》中的这个少数民族部族究竟是"犁汙"还是"犁汗",二者只能居其一。

二、"犁汙王"与"犁汗王"考辨

"犁汙"或者是"犁汗",他们都是《汉书》中出现的少数民族部族名称,从前面所记的八条来看,"犁汙"或者是"犁汗"都指的是匈奴部族的一支。"犁汙"或者是"犁汗",是汉朝对他们的称谓,都是译音,古代少数民族部族名称或者地名的译音,在史籍中往往以同音(或者近音)异字的方式出现,而且有时还不止一次出现。例如:丁零写为丁灵、丁令。根据古代这一语言现象,笔者试对"犁汙"与"犁汗"这两个词语考察一下,就会发现一个有趣的现象。

"犁汙",在《汉书》中很难找到与它的读音相同或者相近的词语。而"犁汗"在《汉书》中却可以找到好几组与它读音相同或相近的词语。例如《汉书·地理志》张掖郡所辖的十县中有个"骊靬县",这个"骊靬"的读音即与"犁汗"的读音相近。犛靬又翻译为犁靬、骊靬等。骊靬、犛靬、犁靬、骊靬的读音都与"犁汗"的读音相近,它们都是翻译音。

另外,河西四郡之一的张掖郡北部有个"鞮汗山",这是武帝时李陵兵败投降匈奴的地方，这个"鞮汗山"，也是个翻译音，它的读音与"犁汗"相近。

还有一个与"犁汗"读音相近的词语，是"於靬"，见于《汉书·苏武传》中，他是且鞮侯单于的兄弟，称"於靬王"，曾经帮助过苏武。"於靬"，也是一个翻译音。

上述例证说明，汉代翻译词语中的"犁汗"读音较为常见，而"犁汙"的读音很少。犁汗、骊靬、鞮靬、犁靬、於靬等翻译词语，它们名称中的后一个字的读音都是"hàn"，或是它的近音"gàn"，而不是"wū"。以此推论，笔者认为，《汉书》与《资治通鉴》中的"犁汙王"的"汙"字也应读为"hàn"。"汙"字应是"汗"字之误。《汉书》与《资治通鉴》中的"犁汙王"都应是"犁汗王"。

三、鞮汗山与犁汗王

这一节，试从"犁汗王"与"鞮汗山"这两个相同词语的内在联系以及它们读音的比照中看看"汗"的读音能否成立。

鞮汗山见于《汉书·李广苏武传》（2454页）。李陵投降匈奴发生在汉武帝天汉二年（前99年），这是震动西汉朝廷的重大事件。李陵出征匈奴的出发地点是张掖北部的居延，目的地是"到兰干山南部"；实际到达的地点是浚稽山；返回的路线是"引兵东南，循故龙城道而行"，行在"去塞百余里"处的"鞮汗山"兵败投降。这说明鞮汗山在张掖郡居延北部100余里处，而且在"故龙城道上"。

前文中引《汉书》关于"犁汙"或"犁汗"的七条记载，第二条与第六条记载的是同一件事；第一条与第七条记载的是同一件事。因此，《汉书》中记载的"犁汗王"的历史事实，实际是五条。分析这五条记载，其中的一、二条，记载的是汉昭帝时期（前78年）犁汗王的事实；其中的三、四、五条记载的是王莽建国三年左右犁汗王的事实，这五条记载中先后出现了四个"犁汗王"与一个"犁汗都尉"，时间的跨度约90年。汉昭帝时期的犁汗王肯定不是王莽建国三年左右的犁汗王。第一条引文中记载的犁汗王与右贤王在一起从事着军事活动，第二条引文中记载的犁汗都尉是在右谷蠡王庭被常惠俘虏的，这说明，犁汗王与右贤王的关系比较密切，他们的活动居住地区必在匈奴右地。匈奴"各有分地"，《汉书·匈奴传上》（3751页）中记载："……诸左王将居东方，直上谷以东，接秽貉、朝鲜；右王将居西方，直上郡以西，接氐、羌；而单于庭直代、云中。……"到了汉昭帝时期，西汉王朝已经在河西地区设置了四郡，四郡之西是西域诸国，四郡之南是羌人，犁汗王活动居住的地区只能在河西四郡之北一带。同时，第一条引文中记载"犁汗王窥边"后，向匈奴单于报告"酒泉、张掖兵益弱"，这说明犁汗王"窥"的"边"是酒泉张掖北部边境。这条引文中又记载，犁汗三与右贤王进攻的目标是张掖郡的日勒、屋兰、番和三县。这就说明犁汗王居住活动的地区必在张掖郡之北，当犁汗王被汉朝的张掖守军"属国千长义渠汗王骑士射杀"后，义渠王又被汉朝封为了"犁汗王"，这不但说明犁汗王的居住活动地区在张掖郡之北，而且还说明犁汗王居住活动的地区与张掖郡之间的距离并不太远。同时，从义渠王被封为"犁汗王"的称号看，"犁汗"必为地名无疑。通过上述讨论，使我们知道，张掖郡北部不远处存在着一个以"犁汗"为名的地名；我们前面叙述李陵兵败投降的过程中知道，张掖郡北部百余里处还存在着一个叫作"鞮汗山"的地名。鞮汗山、犁汗，这两个地名都在张掖郡北部，而且都与张掖郡的距离不太远。更重要的是："鞮"（dī）的读音与"犁"的读音很近，"汗"的读音又完全相同；我们虽然不能据此断定"鞮汗"即"犁汗"，不能认为"鞮汗"是"犁汗"的同名异写，但是在同一个地区之内，既然两个地名的读音相近，而且又有着一定的内在联系，其中一个地名的后一个字的读音为"汗"，另一个地名的后一个字的读音怎么能不读"汗"而读"汙"呢？另外，《汉书·李陵传》中还有一个"兰干山"的地名，兰干山、鞮汗山这些地名的后一个字的读音都是"汗"的读音（或近音），这至少说明匈奴辖境之内的地名中"汗"的读音较为常见。以此比照类推，犁汗王的"汙"，也应读为"汗"音比较合乎情理。

四、於靬王与犁汗王

这一节，对於靬王与犁汗王这两个读音相近的词语进行一些考察，看犁汗王"汗"字的读音能否成立。

"於靬王"的记载，《汉书》中凡一见，在《汉书·李广苏武传》中，记的是苏武被匈奴扣留后流放在北海地区，与於靬王相识，受到於靬王的帮助。根据《汉书》的记载，於靬王与苏武相遇的时间在太始元年左右（前96年），文中写出了於靬王的身份——且鞮侯单于的弟弟。

《汉书》七条记载中先后出现了四个犁汗王：汉昭帝时期的犁汗王因进攻张掖而被射杀，没有写出他的身份与姓名；王莽建国三年左右的犁汗王，一个是"左犁汗王咸"，一个是"南犁汗王南将军"，第三个是"右犁汗王咸"。

对于"右犁汗王咸"，《汉书》中有较多的记载。如：

《汉书·王莽传》（4126页）中记载："而蔺苞、戴级到塞下，招诱单于弟咸、咸子登入塞，胁拜咸为孝单于……"

这两处的记载，都写明了右犁汗王咸与单于的关系与身份——犁汗王是单于的弟弟。

《汉书·匈奴传》中对"右犁汗王咸"有更详细的记载。雕陶莫皋当了复株絫若鞮单于之后，以他的亲弟弟且麋胥（咸的二哥）当了左贤王；以颛渠阏氏的长子且莫车为左谷蠡王；以颛渠阏氏的次子囊知牙斯为右贤王。按照封职顺序，记叙完了"咸"的几位兄长受封的情况之后，紧接着记叙的应该是"咸"的情况了，但是《汉书》中却没有接着记叙咸的封职情况。虽然如此，其他地方记载的"犁汗王咸"必然是他大哥当了单于后给他的封职。

我们从《汉书·王莽传》与《汉书·匈奴传》的记载中知道，"犁汗王"是单于的弟弟担任的封职，又从《汉书·苏武传》的记载中知道，"於靬王"也是单于弟弟担任的封职，犁汗王是单于的弟弟；於靬王也是单于的弟弟。

从复株絫若鞮单于对其诸弟的封职情况看，左贤王、右贤王、左谷蠡王，这些要职都是由单于之大弟、二弟、三弟等担任的；从"右贤王、犁汗王四千骑"的排列顺序看，犁汗王的名次又在右谷蠡王之后，这就是说，犁汗王只能是由单于之五弟或六弟来充任。

同样的道理，於軒王也决不可能是单于之大弟、二弟、三弟、四弟所充任。

另外，於軒王的"於"，与犁汙王的"犁"读音相近，"軒"的读音又与"汙"的读音相近。

於軒王与犁汙王有这样多的相似点，二者是不是一个名称的两种译写？这里只能提出疑问，还不能得出肯定的答案，但是，这些相似点至少为我们判断犁汙王的"汙"字的读音，提供了一种可能性。即把犁汙王的"汙"字识读为"汗"字，要比识读为"汙"字更合理一些。

以上，笔者从四个方面对《汉书》与《资治通鉴》中的"犁汙王"的"汙"字的读音，进行了一些考辨，考辨的结论认为，《汉书》与《资治通鉴》中的"犁汙王"应是"犁汗王"，"汙"字应是"汗"字之误。那么《汉书》与《资治通鉴》中为什么会把"犁汗王"误为"犁汙王"呢？笔者以为，由于"汙"字与"汗"字的字形极易混淆，仅一"丿"与"丨"之别，在抄写或刻印中发生了错误，人们没有觉察，以致两种写法同时流传了下来。

（此文是笔者参加 1990 年 8 月在宁夏回族自治区银川市与内蒙古自治区阿拉善盟召开的"中国蒙古史学会、元史学会、宁夏史学会"提交的论文之一。开会中，与袁伯诚先生再次相见，同乘一车赴阿拉善，相谈甚欢。谈及我提交的论文，袁先生阅读此文后，愿带回山东青岛发表。此文刊载于 1991 年《青岛师专学报》第 8 卷第 1 期。需要说明的是，原文过长，枝蔓过多，先生剪去枝蔓，突出了主干，使原文更加精练，在此深表谢意。）

"犁汙王"与"犁汗王"考辨补证

　　笔者在《"犁汙王"与"犁汗王"考辨》一文中，分别讨论了"犁汙王"与"鞮汗山""犁汗王""於軒王"的读音关系与历史关系，得出了《汉书》与《资治通鉴》中的"犁汙王"应该是"犁汗王"，"汙"字应是"汗"字之误的结论。近日重读《史记》①与《汉书》，又发现了与"犁汗"读音相近的几个词语，研究这几个词语与"犁汗王"的读音关系，也有助于辨明"犁汙王"与"犁汗王"的是非问题，故对所发表"考辨"一文再补证如下。

　　例句 1：《史记・卫将军骠骑列传第五十一》（2937 页）记载：（元狩四年）天子曰："……故归义因淳王复陆支、楼专王伊即靬皆从骠骑将军有功，以千三百户封复陆支为壮侯，以千八百户封伊即靬为众利侯。……"（《汉书・卫青霍去病传》中有相同记载）

　　例句 2：《汉书・景武昭宣元成功臣表第五》（652 页）记载有"（元狩）四年六月丁卯，众利侯伊即轩（师古曰：轩音居言反）。"（《史记》中有相同记载）

---

　　①《史记》为 1959 年 9 月第 1 版，1982 年 11 月第 2 版，1985 年 10 月北京第 9 次印刷的中华书局校勘本。

例句 3：《史记·建元以来侯者年表第八》"下麾侯"之下（1041 页）记载"以匈奴王降侯。（元鼎）五年，炀侯伊即轩元年。"

这 3 句中的"靬"与"轩"，同音异字，可相互替代，《汉书》中多有实例，如"黎靬王"可写为"犁轩王"等等。

从"考辨"一文中得知，匈奴诸王中既有"犁汙王"之称谓，又有"伊即轩"或者"黎轩"之称谓；如果我们把这两个匈奴之王的称号做一个比较，前一个"犁"字既可以书写为"黎"字，又可以书写为"伊"字；后一个"汙"字既可以书写为"靬"字，又可以书写为"轩"字。这即表明"黎靬王""犁汙王"或者是"犁轩王"，实为同一名称之异写，其聚居地在张掖郡居延北部，属于匈奴右地。

"伊即轩"本是居住在匈奴右地，河西走廊北部地区的匈奴王子，霍去病进攻河西走廊时，投降了汉朝，被汉廷封为众利侯。"黎轩王""犁汙王"与"犁轩王"的"黎"字、"犁"字，书写不同，字音同；其中的"轩"字与"汙"字、"靬"字，书写不同，读音相近。这即再次表明《汉书》与《资治通鉴》中的"黎汙"或"犁汙"应书写为"犁汗"或者是"黎汗"。"汙"字应是"汗"字之误。

"犁汙""黎汙"应为"犁汗"，或者是"黎汗"。《汉书》与《资治通鉴》中记载的"黎汙"之"汙"字应该是"汗"字之误。

另外，东汉末年的史学家荀悦编著的《两汉纪》[①]上册《汉纪》

————————

①《两汉纪》为 2002 年 6 月第 1 版，2002 年 6 月北京第 1 次印刷，中华书局出版。

孝昭皇帝卷十六（280 页）记载"……（始元）五六年（前 82—前 81 年），单于弟於靬王（戈）（弋）猎海上。见（苏）武能结网纺缴，（擎）（檠）治弓弩，於靬王爱之，阴给衣食，赐武马畜。三岁余，於靬王死，丁零盗武牛羊，武复穷厄。……"这段记载中的於靬王之"靬"字也是"汗"的近音字，这也再次证明"犁汙王"应为"犁汗王"，"汙"字应为"汗"字。

再：笔者以为"黎"字或"犁"字的读音应是"伊即"急读的合音字，这犹如"诸"是"之乎"的合音字，"天"是"祁连"的合音字一样（史书中记载的天山为祁连山即是此类）。因此，《史记》与《汉书》中记载的"伊即靬"即是"黎靬"，"伊即轩"即"黎轩"或者是"黎汗"，而靬与轩又实为一字之异写，这即进一步证明黎轩王、伊即靬、黎靬、於靬王实为同一匈奴部族王号之"犁汗王"，不可能是"犁汙王"。

史籍校勘四则

一、《资治通鉴》卷四十九断句刊误一则

  《资治通鉴》卷四十九（1581 页）记载：安帝永初四年（110年）"南单于围耿种数月，梁慬、耿夔击斩其别将于属国故城，班志：西河美稷县，属国都尉治，故城盖在美稷县界。将，即亮翻；下同。单于自将迎战，慬等复破之，单于遂引还虎泽。班志，西河郡谷罗县，虎泽在西北。师古避唐讳，以'虎'为'武'。"

  这段记载中的夹注语句断句有误。班志："西河美稷县，属国都尉治"，这是班固在《汉书》中书写的语言，应该断为一句。"故城盖在美稷县界"不是班固的语言，是夹注者论说的语言，应该另断为一句。

二、《资治通鉴》记载"龟兹县"之考辨

  《后汉书》[①]卷六十五《张奂传》（2138 页）记载："永寿元年

---

①《后汉书》为中华书局 1965 年 5 月第 1 版,1982 年 8 月北京第 3 次印刷。

（155 年），遣安定属国都尉（张奂）。初到职，而南匈奴左奥鞬台耆、且渠伯德等七千余人寇美稷，东羌复举兵应之，而奂壁唯有二百许人，闻即勒兵而出。军吏以为力不敌，叩头争止之。奂不听，遂进屯长城，收集兵士，遣将王卫招诱东羌，因据龟兹，使南匈奴不得交通东羌。诸豪遂相率与奂和亲，共击奥鞬等，连战破之。伯德惶恐，将其众降，郡界以宁。注文：龟兹音丘慈，县名，属上郡。……"

《资治通鉴》卷五十三（1733 页）记载："秋，南匈奴左奥鞬台耆、且渠伯德等反，寇美稷；东羌复举种应之。安定属国都尉敦煌张奂初到职，壁中唯有二百许人，闻之，即勒兵而出；军吏以为力不敌，叩头争止之。奂不听，遂进屯长城，收集兵士，遣将王卫招诱东羌，因据龟兹县，前书，上郡龟兹县，上郡属国都尉治所。师古曰：龟兹国人来降附者处之于此，故以名云。使南匈奴不得交通。……"

　　上面两段文字记载了后汉时期的同一历史事件，但是，《后汉书》中记载的"因据龟兹"，《资治通鉴》中记载为"因据龟兹县"。"龟兹"与"龟兹县"的内涵并不完全相同，西汉时期，汉廷为安置由西域归附来的龟兹国人设置了两个行政区，一个是龟兹县，另一个是属国都尉治。东汉时期，保留了属国都尉治（即龟兹属国城），省废了龟兹县。《后汉书》中记载的"龟兹"应该指的是龟兹属国城（即西汉的属国都尉城），并不是已被省废的龟兹县。因此，《资治通鉴》中记载的"龟兹县"应该改为"龟兹"，此"龟兹"是"龟兹属国"之省文。笔者在《从所见的封泥等实物判断宁夏盐池县张家场古城之名称》中，考证认为张家场古城即是西汉的属国都尉城与东汉的龟兹属国城[①]。因此，《后汉书》与《资治通鉴》中记载的这个"龟兹"，指的即是今宁夏回族自治区盐池县北部的张家场古城。

三、《汉书辞典》[②] 考辨一则 ——兼校《汉书》断句数例

山东教育出版社出版的仓修良先生主编的《汉书辞典》（795页）有"蒲呼卢訾"词条。笔者认为"蒲"与"呼卢訾"各有所属，二者不能组成词条，其释文不能成立。为了说明这一问题，现摘引此词条并考辨如下。

蒲呼卢訾：西汉时匈奴官吏，任右大且渠。王莽始建国元年（9 年），他奉匈奴单于之命，率数万骑兵，以护送乌桓为名，勒兵朔方塞下，骚扰汉边界。（3822 页）

根据著者提供的页码，在《汉书·匈奴传下》（3822 页）中见到了相关的记载："……（匈奴单于）乃遣右大且渠蒲呼卢訾等十余人将兵众万骑，以护送乌桓为名，勒兵朔方塞下。朔方太守以闻。"

原来，词条注释者之所以将"蒲"与"呼卢訾"判为一个词条，是受了《汉书》断句的影响。《汉书·匈奴传下》中没有将"蒲"与"呼卢訾"之间用顿号断开，致使词条注释者误将"蒲呼

---

①《宁夏文史》2016 年第 1 期与第 2 期。
②《汉书辞典》，1996 年 11 月第 1 版，1996 年 11 月第 1 次印刷，山东教育出版社出版。

卢訾"判为了一个词条，并作了错误的注释。实则，右大且渠为匈奴官号，呼卢訾也为匈奴官号，二者是匈奴的不同官号称谓。"蒲"为右大且渠之名，"蒲"与呼卢訾没有关系，"蒲"与呼卢訾不应该判为一个词条。

《汉书·匈奴传下》中的数例记载，能够说明右大且渠官号之名的问题，也能够说明"蒲"与呼卢訾没有关系。

例1：3818页记载："初，上遣稽留昆随单于去，到国，复遣稽留昆同母兄右大且方与妇入侍。还归，复遣且方同母兄左日逐王都与妇入侍。……"这一记载中的"且方"是"右大且方"的省文，其中的"方"即右大且渠之名。这一记载中的"都"即左日逐王之名。

例2：3829页记载："呼都而尸单于舆既立，贪利赏赐，遣大且渠奢与云女弟当（尸）（于）居次醯椟王俱奉献至长安。……"这一记载中的"奢"即王莽建立新朝后之大且渠的名字。

呼卢訾官号，同传中也有数例记载。

例3：3788页记载："乃自请与呼卢訾王各将万骑南旁塞猎，相逢俱入。……"这一记载表明呼卢訾的身份为王，其官职高于右大且渠，也表明与"蒲"没有关系。

例4：3823页记载："……遣左骨都侯，右伊秩訾王呼卢訾及左贤王乐将兵入云中益寿塞，大杀吏民。……"其中的左骨都侯、右伊秩訾王、呼卢訾、左贤王乐均是匈奴官号。呼卢訾后面没有"王"字，当为省文；呼卢訾的前面没有"蒲"字，说明"蒲"与"呼卢訾"没有关系，也说明"蒲呼卢訾"不能成为词条。左贤王后面的"乐"字为左贤王之名。此句中记载的4位官号，左骨都侯官号最小，左贤王乐的官号最大，但是官号最小的左骨都侯却排在了前面，官号最大的左贤王乐却排在了最后面，这种不合常理的排列方式，应与其辈分大小有关系。

由于《汉书》注释者没有将"乃遣右大且渠蒲"与"呼卢訾"之间用顿号断开，也由于辞典注释者的偶尔疏失，误将"蒲呼卢訾"判为了词条，并作了错误的注释。笔者以为，为使前面所引《汉书·匈奴传下》（3822 页）中的句意更加清晰明白，该句应该重新断句为："乃遣右大且渠蒲，呼卢訾等十余人，将兵众万骑，以护送乌桓为名，勒兵朔方塞下。"断句后的"蒲"字，应是右大且渠的名字。

《汉书辞典》误将"蒲呼卢訾"作为词条注释之外，也根据上面所引第四例之引文将"呼卢訾"设为了词条，并进行了注释，其释文如下：呼卢訾："西汉末匈奴诸王。为乌珠留单于属下左骨都侯，右伊秩訾王。新莽立，改单于号为'降奴单于'，又遣人招诱呼韩邪单于诸子，乌珠留单于大怒。始建国三年（11 年），他奉单于命，将兵击边塞，大杀吏民，双方战事复起。（3823 页）[1]"

将"呼卢訾"作为词条进行注释，选项好，完全对，但是笔者认为不能只针对前面第四例引文处的呼卢訾作注释，还应该兼顾到各处所记呼卢訾之含义进行注释。只针对某处之呼卢訾作注释，必然要涉及其事件背景情况的记叙，如此一来，必然要写出许多话语，易生歧义，费力不讨好（此条释文中存在的语病及问题即是例证）。笔者以为，注释涵盖诸处呼卢訾之词义，概括注释，

16

---

[1]《汉书辞典》第 385 页。

反而省事省文，只需写出他是匈奴诸王之一的官号即可以了。

为使上面第四例引文的意思清晰明白，笔者以为，应该在诸官号之间用顿号断开。全句似应断句为："遣左骨都侯、右伊秩訾王、呼卢訾、即左贤王乐、将兵入云中益寿塞，大杀吏民。"

《汉书辞典》泽惠了学习、研究汉史的人员，笔者也是受惠者之一。感谢《汉书辞典》的编纂者，为研究《汉书》汉史奉献的这部大型辞典。为使《汉书辞典》更加完美，呈上笔者的偶尔所得，供请参考。

四、陈直先生《居延汉简研究》① 辨误一则

陈直先生《居延汉简研究》七节《张掖太守与农都尉及属国都尉的关系》（33 页）载："另，《汉书叙传》及《冯野王传》有上河农都尉，颜师古注：上河属西河郡。"笔者认为陈直先生所引颜师古注文为笔误。

《汉书·冯奉世传》附传（3306 页）记载冯参"擢为上河农都尉"。颜师古注释此句中的上河曰："上河在西河富平，于此为农都尉。"颜师古注文指的是北地郡富平县附近的"西河"（上河）②，并不是山陕之间的"西河郡"，其下没有"郡"字。陈直先生多加一

---

①《居延汉简研究》，2009 年 6 月第 1 版，2009 年 6 月北京第 1 次印刷，中华书局出版。

②笔者撰写的《上河与西河》（原文刊载在《黄河史志资料》1991 年第 3 期中），与《黄河名称试论》研究了这一问题（原文刊载在《宁夏文史》1991 年第九辑中）。

"郡"字，使宁夏地区的"西河"名称误为了山陕之间的西河郡。

再：笔者查阅《汉书叙传》及《冯野王传》，其中没有记载颜师古注释"上河属西河郡"语句。

（原载于 2017 年第 1 期《宁夏文史》总第 36 期）

"击右王"与"击左王"考辨

——《史记》《汉书》校勘一则

《史记·建元以来侯者年表第八》（1044 页）记载："众利：以匈奴归义楼剸王从骠骑将军四年'击右王'，手自剑合功侯。"（其中的单引号为笔者所加，下同）

《汉书·景武昭宣元成功臣表第五》（652 页）中记载："众利侯伊即轩：以匈奴归义楼剸王从骠骑将军'击左王'，手剑合，侯，千一百户。"

跟随骠骑将军霍去病进攻匈奴的归义楼剸王，众利侯在《史记》（1044 页）中记载为"击右王"，在《汉书》（652 页）中记载为"击左王"，二者为什么记载不一，谁对谁错？试考辨如下。

《史记·卫将军骠骑列传第五十一》（2934—2936 页）记载："元狩四年春，上令大将军青、骠骑将军去病将各五万骑，步兵转者踵军数十万，而敢力战深入之士皆属骠骑。骠骑始为出定襄，当单于。扑虏言单于东，乃更令骠骑出代郡，令大将军出定襄。……骠骑将军亦将五万骑，车重与大将军军等，而无禆将。悉以李敢等为大校，当禆将，出代、右北平千余里，直左方兵，所斩扑功已多大将军。……"（《汉书·卫将军骠骑列传》有相似的记载）

这段引文记叙了大将军卫青与骠骑将军霍去病各率领五万大军进攻匈奴的战役。这一战役事先决定，卫青由代郡出发进攻匈奴，霍去病由定襄出发进攻匈奴。抓来的俘虏言匈奴单于在东方，汉武帝听后即改变了出兵路线，令骠骑将军霍去病由代郡出发进攻匈奴，令大将军卫青由定襄出发进攻匈奴。代郡在定襄郡东部。霍去病率领大军"出代、右北平千余里，直左方兵"。这说明霍去病攻打的是匈奴"左方"大军。

《史记·匈奴列传》（2891页）记载，匈奴各有分地，"……诸左方王将居东方，直上谷以往者，东接秽貉、朝鲜；右方王将居西方，直上郡以西，接月氏、氐、羌；而单于之廷直代、云中；各有分地，逐水草移徙。……"

霍去病由代郡出发进攻匈奴"直左方兵"——向左方进兵。东方为左方，西方为右方。因此跟随霍去病攻打匈奴的众利侯也应该记载为"击左王"，不应记为"击右王"。

《史记·匈奴列传》（2911页）记载："汉骠骑将军之出代二千余里，与左贤王接战，汉兵得胡首虏凡七万余级，左贤王将皆遁走。骠骑封于狼居胥山，禅姑衍，临翰海而还。"这节引文记载霍去病由代郡出发转战二千余里，一直打到"狼居胥山，禅姑衍，临翰海而还"，意思是说攻打到西部翰海地方，又向东部攻打，攻打的是匈奴左贤王大军，这也说明跟随霍去病的归义楼剸王攻打的是西部翰海地方的左贤王。

《汉书·匈奴传第六十四上》（3769—3770页）记载"……令大将军青、骠骑将军去病中分军，大将军出定襄，骠骑将军出代，咸约绝幕击匈奴。……骠骑之出代二千余里，与左王接战，汉兵得胡首虏凡七万余人，左王将皆遁走。骠骑封于狼居胥山，禅姑衍，临翰海而还。"《史记·匈奴列传》（2911 页）同样记载了霍去病由代郡出发攻打的是匈奴"左贤王"——东部的匈奴大军。因此，跟随霍去病的众利侯也必然是"击左王"，不可能是"击右王"。

霍去病由代郡——定襄之东部出兵进攻匈奴，转战二千余里，一直打到了狼居胥山、姑衍、翰海地区，击败了左贤王大军，取得了大胜。汉武帝称赞霍去病指挥的这一战役"封狼居胥山，禅与姑衍，登临翰海"（《史记》2936 页）。霍去病指挥的这一战役主要在西方，西方为右地。从霍去病战胜的对手是仅次于单于的左贤王看，从霍去病取得辉煌战果的地区看，跟随霍去病的众利侯也应该记为"击左贤王"为是。

《汉书·王嘉传》校勘一则

　　《汉书·何武王嘉师丹传第五十六》第 11 册《王嘉传》(3489 页) 记载，王嘉上疏中说："……（汉）武帝擢韩安国于徒中，拜为梁内史，骨肉以安。……"笔者认为应该是孝景帝拜韩安国为梁内史，并不是汉武帝擢韩安国为梁内史。理由如下：

　　《汉书·韩安国传》(2394 页) 中记载韩安国是梁孝王的中大夫。吴、楚、齐、赵等七国发生叛乱时，梁孝王让韩安国与张羽为将军，带领大军阻击叛乱的吴国等国军队进攻汉朝。韩安国与张羽不负梁孝王重托，出色地完成了任务，使吴国等国大军没有越过梁国进攻汉朝，为孝景帝平定吴楚七国叛乱立了大功（前 154 年事）。韩安国的声誉因此显于梁国与汉朝廷。

　　吴楚七国叛乱平息后，梁孝王自以为是孝景帝的亲兄弟，又为平定吴楚七国叛乱立了大功，于是傲慢骄横，自己任命梁国的相及二千石等高官，出行巡幸游转玩乐，也不按照国家规定的礼仪，以超越天子的规模出巡（"得自置相、二千石，出入游戏，僭于天子"）。孝景帝得知梁孝王如此的越礼行为，十分不满，认为有异志。窦太后得知孝景帝对其弟梁孝王如此严重的怀疑态度，也不愿接见梁孝王派来的使者韩安国，并斥责梁孝王超越礼制的违规行为。韩安国得知窦太后与孝景帝对梁孝王如此严重的怀疑态度，还不愿意接见他，于是韩安国利用孝景帝的姐姐——大长公主的关系，向大长公主泣诉梁孝王如此行事的"缘故"。大长公主将韩安国泣诉的缘由告诉了窦太后，窦太后得知梁孝王如此行事的真实情况，心中宽慰，颇为高兴，于是将此情况转告了孝景帝。孝景帝听了太后的解说，化解了对梁孝王的怀疑，恢复了与梁孝王的兄弟情谊。太后与大长公主很是感激韩安国，重谢了韩安国。

《汉书·韩安国传》（2395—2396 页）又记载："其后，（韩）安国坐法抵罪，蒙（县）狱吏田甲辱安国。安国曰：'死灰独不复然乎？'甲曰：'然即溺之。'居无几，梁内史缺，汉使使者拜安国为梁内史，起（徒）中为二千石。田曰亡。安国曰：'甲不就官，我灭而宗。'甲肉袒谢，安国笑曰：'公等足与治乎？'卒善遇之。

内史之缺也，王新得齐人公孙诡，悦之，欲请为内史。窦太后（所）（闻），乃诏王以安国为内史。"

这段记载的意思是说韩安国触犯了梁国的法律，按其所犯之罪被判了刑，成了囚徒，关在蒙县的牢狱之中。蒙县狱官田甲管押韩安国期间，侮辱韩安国。韩安国对田甲说，我犯了法，成为囚徒，难道不会重新为官吗？田甲威胁韩安国说：你如再为官，我立刻重新让你为囚徒（然即溺之）管押你！过不多久，梁国缺内史，孝景帝派使者到梁国，拜韩安国为梁孝王内史，使韩安国由囚徒之身份，一变为梁国的二千石高官。田甲得知韩安国重新为官，因害怕而逃亡。韩安国威胁田甲说："如果不回来为蒙县狱官，我将灭你的全家！"田甲急速返回，光着身子向韩安国认罪。韩安国善待了田甲，让他重新为蒙县狱官。窦太后得知梁国缺内史，也向梁孝王下诏书，让韩安国为梁内史。这是韩安国第一次触犯了梁国法律判徒刑，成了囚徒。

此事发生在孝景帝在位期间，因此，《汉书·王嘉传》中记载的"（汉）武帝擢韩安国于徒中，拜为梁内史"为笔误。应该记载为"孝景帝擢韩安国为梁内史"，并不是汉武帝擢韩安国为梁内史。

《汉书·韩安国传》接着记载，公孙诡与羊胜为梁孝王官员期间，曾参与谋杀汉朝大臣爰盎之阴谋。孝景帝得知这一情况，决心要逮捕公孙诡、羊胜二人伏法。梁孝王将此二人藏于府中，不肯交出。韩安国向梁孝王反复讲解此事的利害关系及严重后果。梁孝王最终听取了韩安国的劝告，交出了二人，二人自杀，韩安国又将其头颅送往汉朝。孝景帝与窦太后更加敬重韩安国。

《汉书·韩安国传》（2398页）又记载："（梁）孝王薨，共王即位，安国坐法失官，家居。武帝即位，……上素闻安国贤，即召以为北地都尉，迁为大司农。……"这段记载的意思是说梁孝王死后，共王成了梁孝王。共王成为梁孝王期间，韩安国又犯了梁国的法律。这次所犯之法，只是坐法失官，在家闲居，没有入狱服刑，不是囚徒的身份。这一事件发生在汉武帝在位时期，汉武帝将韩安国调离了梁国，让他在西汉朝廷为北地都尉，又升迁为了大司农。这与王嘉上疏中说"（汉）武帝擢韩安国于徒中，拜为梁内史，骨肉以安"之记载并不相同。这也反证了韩安国犯了梁国法律，判了罪，成了囚徒入狱，孝景帝得知后，派遣使者让韩安国为梁国的二千石高官内史。这也再次证明王嘉上疏中说汉武帝拜韩安国为梁国内史是错误的。

《后汉书·南匈奴传》补校一则

———"王昭君"生子辨

《汉书·匈奴传下》（3806 页）记载："王昭君号宁胡阏氏，生一男伊屠智牙师，为右日逐王。呼韩邪立二十八年，建始二年死。……"

《后汉书·南匈奴传》（2941 页）记载："……时呼韩邪（单于）来朝，帝敕以宫女五人赐之。昭君入宫数岁，不得见御，积悲怨，乃请掖庭令求行。呼韩邪临辞大会，帝召五女以示之。昭君丰容靓饰，光明汉宫，顾景裴回，竦动左右。帝见大惊，意欲留之，而难于失信，遂与匈奴。生二子。……"

上面两段引文记载不一，前者记载王昭君生一子，后者记载王昭君生二子。《后汉书·南匈奴传》的校勘记中没有校勘这一差异，笔者试补校如下。

呼韩邪单于竟宁元年（前 33 年）前往汉朝京城，得到汉元帝赐婚，王昭君成了呼韩邪单于的阏氏（妻子）。呼韩邪单于建始二年（前 31 年）即死去。由汉元帝赐婚到王昭君成为呼韩邪单于阏氏的时间计算，其间相隔的时间仅是二年多，王昭君生二子的可能性很小，生一子的可能性较大。假如说王昭君生了二子，这是呼韩邪单于的重大事情，也是王昭君的重大事情，《汉书·匈奴传下》中不可能只记载王昭君生的"伊屠智牙斯"之名，而不记载所生的另一子之名，这是于理不通的。因此，《汉书·匈奴传下》中记载"生一子"为是。

论者认为此处记载之"二子"可能是王昭君再婚后所生之子，但《后汉书·南匈奴传》中记载王昭君再婚后生的是"二女"，并不是二子。因此《后汉书·南匈奴传》记载王昭君"生二子"必误。

《后汉纪》校勘三则

一、晋袁宏《后汉纪·光武皇帝纪卷第八》（143 页）记载："……初，匈奴右日逐王（北）（比），单于知牙斯之长子也。自呼韩邪单于死后，更令兄弟相传。知牙斯死，传弟臧咸；臧咸死，传弟舆；舆立，欲传其子，……舆死，子焉鞮立；鞮死，弟满奴立。……"

这段文字中记载的"知牙斯"与"臧咸"，在《汉书·匈奴传下》（3807 页）中分别记载为"囊知牙斯"与"咸"。"知牙斯"是"囊知牙斯"之省文，"臧咸"是"咸"之繁称。

二、《后汉书·南匈奴传》（2942 页）中记载"……二十二年，单于舆死，子左贤王乌达鞮侯立为单于。复死，弟左贤王蒲奴立为单于。……"

此两传中记载的"焉鞮"与"左贤王乌达鞮侯"实为一人，即"舆"的长子。两传中分别记载的"满奴"与"蒲奴"是焉鞮的弟弟，即"舆"的第二子。《后汉纪·光武帝纪》中记载为"满奴"，《后汉书·南匈奴传》中记载为"蒲奴"。这两处记载之差异，校勘中均未校勘指误。笔者阅读《汉书·匈奴传上》（3779 页）见到了如下记载"……匈奴使大将与李陵将三万余骑追汉军，至浚稽山合，转战九日，汉兵陷陈却敌，杀伤虏甚众。至蒲奴水，虏不利，还去。"以此段记载中的"蒲奴水"证之，《后汉书·南匈奴传》中记载的"蒲奴"为是。《后汉书》中记载的"满奴"应校勘为"蒲奴"。

另外，《汉书·匈奴传上》（3785 页）记有"蒲离候水"，"蒲奴水"与"蒲离候水"意思相同（"奴"字是"离候"二字的急读合音字），故"蒲离候"即是"蒲奴"，这再次证明"蒲奴"之名是正确的。

三、《后汉纪·孝灵皇帝纪卷第二十五》（484 页）记载："……烈为宰相，不念思所以缉之之策，乃欲弃一方万里之士，臣窃惑之。左衽之虏，得此地为患数世。今以劲士坚甲利兵，奸雄因之为乱，此社稷之深忧也。且无凉州，则三辅危，三辅危则京都薄矣。……"这段文字中的"乃欲弃一方万里之士"于理不通，"士"是有一定地位的人，不能用"一方万里"词语限制修饰。联系此段前后记载的内容，"弃一方万里之士"应为"弃一方万里之土"。

《两汉纪·上册·汉纪》校补一则

　　荀悦《两汉纪·汉纪》（339页）记载"……颍川太守黄霸以治行尤异秩二千石，赐爵关内侯……"这一记载中的"二千石"，在《汉书·宣帝纪》（248页）中记载为"中二千石"，《两汉纪·汉纪》校勘记中没有指出这一差异。"二千石"是黄霸原来的"秩"——俸禄，"中二千石"是因为黄霸"治行尤异"，宣帝奖励赐予的"秩"——俸禄。《两汉纪·汉纪》中的"二千石"应校勘为"中二千石"。

《西汉会要》校勘三则

　　宋徐天麟《西汉会要》①下册（689页）引《汉书·武帝纪第六》（176页）"西汉武帝元狩二年，表作三年。匈奴昆邪王杀休屠王并将其众合四万余人来降，置五属国以处之。"并记载五属国所处之郡名及属国名称：安定三水、天水勇士、上郡龟兹、西河美稷、五原蒲泽。

　　这一记载有三处失误。

　　1. 设置五属国安置归附的匈奴休屠王民众，发生在武帝元狩二年或三年，即前121年至前120年。此时还没有设置安定郡，安定郡是元鼎三年（前114年）由北地郡析出之郡，二者前后相差了6年。因此，所记的安定郡三水县应该是北地郡。

　　2.《汉书·地理志》记载，天水郡设置于武帝元鼎三年（前114年）。安置归附的匈奴民众发生在元狩三年（前120年），此时还没有设置天水郡。天水郡也是由陇西郡析出之郡，因此，天水郡应该是陇西郡。

　　①《西汉会要》，1997年8月第1版，1997年8月第1次印刷，上海人民出版社出版。

3. 上郡龟兹是汉帝国设置的龟兹属国，龟兹属国安置的是由西域归附而来的龟兹国人。龟兹属国始设于张骞第二次出使西域之后，约在武帝元封年间。元狩三年（前120年）设置五属国，安置的是匈奴休屠王民众。因此，上郡内先安置了一批匈奴民众，之后又安置了一批归附的龟兹国人。《汉书·地理志》（1617页）记载上郡："龟兹，属国都尉治。有盐官。"《后汉书·郡国五》（3524页）记载上郡有"龟兹属国"，没有记载"龟兹"，表明东汉时期省去了龟兹县。这即说明《汉书·地理志》记载的上郡"龟兹，属国都尉。有盐官"，其中的"龟兹"是县级政区，其中的"属国都尉治"，是比县高一级的政区。《魏书卷四》[①]（89页）记载，北魏世祖拓跋焘太延五年（439年），"秋七月己巳，车驾至上郡属国城，大飨群臣，将武马射。壬午，留辎重，分部诸军：……"这一记载的意思是说魏世祖太延五年七月己巳到了西汉上郡的属国城。在属国城举行了大规模的表彰宴请活动，又举行了大规模的兵马训练活动，经过13天才离开上郡属国城。这一记载也表明安置由西域归附来的龟兹国人，设置了两个政区，一个是龟兹县政区，一个是属国都尉治政区。因此，记上郡的"龟兹"，不如记载上郡的"属国都尉治"[②]。

史籍校勘与汉印研究

31

[①]《魏书》为1974年6月第1版，1974年6月北京第1次印刷，中华书局出版。

[②] 经笔者考证，西汉的上郡"属国都尉城"与东汉的"龟兹属国城"即今宁夏盐池县北部张家场汉城。（原载于《宁夏文史》2016年第1期、第2期，"从所见封泥等实物判断盐池县张家场古城之名称"。）

"上河仓长"官印证明宁夏历史的珍贵汉印

2006年，银川市人孟建民先生拿来新购得的一方铜印让我观看，一看，令我大吃一惊。原来这是一方未见著录十分精美的"上河仓长"西汉官印（如图）。

秦汉时期，今宁夏回族自治区青铜峡附近的黄河称为"上河"，今青铜峡在当时称为"青山峡"，又名"上河峡"。我曾先后发表过《上河与西河》①《黄河名称试论》②两篇文章讨论了"上河"名称等问题。今见此印，可证史、可补充我的文章内容，怎不令人惊喜！惊喜之余，嘱孟先生好好珍视、保管此印。

2012年，再次与孟先生相见，谈及昔日见到此印之情景，谈

---

① 《黄河史志资料》1991年第2期。
② 《宁夏文史》1991年第9辑。

及孟先生介绍此印的文章^①，孟先生嘱我研究此印，现遵嘱对此印做如下一些考证解说。

"上河仓长"官印，正方形，印面边长 2.5 厘米，通高 2 厘米，印背瓦纽，小篆阴文，字口深峻，字迹清晰，生坑绿锈，极其精美。

一、释"上河"

《汉书·叙传上》（4198 页）记载："……（班况）举孝廉为郎，积功劳，至上河农都尉……"

《汉书·冯奉世传》（3306 页）记载："……阳朔中，中山王来朝，（冯）参擢为上河农都尉……徙为安定太守。……"

《后汉书·孝安帝纪第五》（227 页）记载："（元初四年十二月）甲子，任尚及骑都尉马贤与先零羌战于富平上河，大破之。……"

《后汉书·西羌传》（2891 页）记载："（元初四年）……任尚将诸郡兵与马贤并进北地击狼莫，……至北地，相持六十余日，战于富平（上）河，大破之……"

上述四例的前 2 例，记载了两位上河农都尉官员的名字。《后汉书》记载了上河地区发生的重大历史事件，又记载了上河与富平县的关系："上河"在富平县治附近。"富平县"是秦汉时期北地郡的属县之一，东汉时期又是北地郡的郡治，它的城址在今青铜

---

① 建民《漂亮的西汉官印》："上河仓长。"《新消息报》2008 年 12 月 7 日。

峡之北，吴忠市之南①。富平县附近的"上河"即指今青铜峡地区的一段黄河。

对于"上河"与"富平"这两个重要历史名称，王国维《水经注校》②卷二与卷三中有更多、更详细的记载。其卷二（71页）记载："河水又东北迳昫卷县故城西。《地理志》曰：河水别出为河沟，东至富平，北入河。河水于此，有上河之名也。"

其卷三（73、74页）记载："河水又北过北地富平县西。河侧有两山相对，水出其间，即上河峡，世谓之为青山。……

河水又北迳富平县故城西。秦置北地都尉，治县城，王莽名郡为威戎，县曰特武。……

河水又迳典农城东。世谓之胡城，又北迳上河城东，世谓之汉城。薛瓒曰：上河在西河富平县，即此也。冯参为上河典农都尉所治也。

河水又北迳典农城东。俗名之谓吕城，皆（冯）参所屯以事农（甿）。"

《水经注校》的上述记载，说明了上河与富平县的关系，也说明西汉朝廷任命上河农都尉官员班况与冯参驻守在这里，屯田植谷，发展农业生产，管理着汉城、胡城、吕城三座城郭的情况。又介绍上河农都尉官员驻守的"汉城"，又称为"上河城"。《水经注校》的这些记载补充了《汉书》的有关内容，丰富了宁夏地区的历史资料。

---

① 钟侃《宁夏古代历史纪年》62条（23页）。
② 《水经注校》，1984年5月第1版，1984年5月第1次印刷，上海人民出版社出版。

二、释"仓""仓长"与"上河仓长"

"仓"是专门储存谷物粮食的建筑物，这种建筑物，小者是独间的房屋，大者是多间房屋的组合体或者是地下修建的窖仓，甚至是仓城。独间房屋的仓房多为圆形，上有大盖，旁有可通风的窗户，现在发现的秦汉冥器"陶仓"，能够说明当时仓房的建筑形制（如下图）。

粮食是民生之本，储存保管粮食是国家的重要大事。建筑储存粮食的大型仓库是保障粮食安全的重要措施。西汉建立后，经过文帝、景帝数十年的经营治理，国家的实力有了很大增长，农业生产的水平有了显著提高，社会的财富有了增加。汉武帝继位

之初，"太仓之粟陈陈相因，充溢露积于外，腐败不可食"①。建筑好储存粮食的粮仓仓库，是各地官员不可忽视的任务。为了保证粮食的安全，粮价的稳定，西汉朝廷还设立了"常平仓"，收售粮食，平抑粮价②。为了储存好粮食，管理好粮食，除了修建好粮仓仓库之外，朝廷还专门配备了管理储存粮食仓库的官员与士兵。这种管理仓库粮食的官员，称为"仓长"，管理粮库的士兵称为库兵。

"仓长"，《史记》《汉书》中虽有记载，但流传的实物并不多见，秦汉印谱中收有多种不同形制的"仓长"官印印拓，但是这些"仓长"官印印拓，多是二字的半通印拓片，四字的、带有地名的"仓长"官印印拓，众多的两汉印谱中很难见到。

"仓长"官印，是朝廷颁发给"仓长"官员的身份证件与凭证。印谱中收载的不同形制的"仓长"官印，因为出土地点不明，只能证明"仓长"的身份，不能证明这些"仓长"任职的具体郡县——他们是何郡何县的仓长，这就使这方珍贵的"仓长"官印失去了证史的部分价值。

新发现的"上河仓长"官印，是没有著录的西汉四字官印，它的发现，丰富了宁夏地区的历史实物资料，补充了《汉书》职官与汉印印谱的内容，有极高的学术研究价值。"上河仓长"官印发现于宁夏地区，是朝廷颁发给今宁夏平原——"上河"地方负责储存粮食的官员——"上河仓长"的官印。它有明确的"上河"

---

① 《汉书·食货志》（中华书局校本 1135 页）。
② 《汉书·食货志上》（1141 页）"漕事果便，寿昌遂白令边郡皆筑仓，以谷贱时增其贾而籴，以利农。谷贵时减贾而粜，名曰常平仓。"

地名，它不但能证明"仓长"官员的身份，还能证明这位"仓长"是设置在今宁夏平原——"上河"地方的仓长。因此，这枚"上河仓长"官印的发现，为宁夏地区汉代历史的研究，提供了难得重要的实物证据。这枚"上河仓长"官印是汉代官印中难见的珍品。

三、"上河仓长"官印的发现丰富了宁夏汉代历史的内容

今宁夏平原青铜峡附近的"上河"地方，在西汉时期设置负责管理储存粮食的"上河仓长"官员，说明当时宁夏平原地区屯田植谷、发展农业生产的规模一定颇大，一定有着颇为发达的水利渠道设施。屯田植谷效果一定较好，一定建有规模颇大的储粮仓库。这一良好局面，与设置在此地的上河农都尉官员——班况、冯参等人有着重要关系。

《汉书·百官公卿表上》记载，汉武帝继位初年设置了农都尉官职，农都尉是专门负责屯田植谷、发展农业生产的官员。农都尉的职位低于太守，高于县令、长。居延汉简记载西汉边郡之地共设有十一个农都尉[①]。但《汉书》仅仅记载了两处农都尉，一处是北地郡富平县——今宁夏平原上设置的"上河农都尉"，一处是张掖郡番和县设置的农都尉（见《地理志·张掖郡》）。由西汉武帝

---

①《居延汉简研究》33 页，《释文》七九页，有简文云："守大司农光禄大夫臣调昧死言，守受簿丞处，前以请给使护军屯食，守部丞武，以东至西河郡十一农都尉官，官调物，钱榖漕转粜，为民困乏，启调有余给。"此大司农非调请调边郡十一农都尉所存钱榖，转运内郡救济灾荒之奏文也。

初年设置农都尉至西汉晚期，再至东汉时期，400多年的时间之内，担任过上河农都尉职务的官员应有数十百位之多，但见于记载的农都尉官员，只有宁夏平原上的上河农都尉两人，一位是班况，一位是冯参。大部分农都尉官员之名字，《汉书》与《后汉书》中没有记载。

"上河农都尉"是负责屯田植谷，发展农业生产的官员；"上河仓长"是负责储存粮食的官员，二者属于同一个部门——农业生产部门，均受朝廷大司农机构管辖。"上河农都尉"之官职高于县令、长之职位；"上河仓长"官员是"上河农都尉"的下属官员。从"上河仓长"官印的形制、规格，以及设置在上河地方的农都尉官员的权力规模判断，"上河仓长"官员应是县一级的官职。

班况，是两汉时期班氏名门望族的成员之一。因"积功劳"被汉元帝封为上河农都尉，任职于今宁夏平原青铜峡——"上河"地方负责屯田植谷，发展农业生产，之后又为左曹越骑校尉。班况生的三个儿子均为高官，生的女儿为汉成帝的婕妤。东汉时期的文史大家班彪是其孙子，《汉书》的编撰者班固是其重孙。班况因为为政勤勉，作出了贡献，被任命为上河农都尉，驻守于今宁夏平原地方负责屯田植谷，发展农业生产。班况因为为政勤勉，"积功劳"而被封为上河农都尉官员，说明班况为宁夏平原的水利发展、屯田植谷，作出过重大贡献。也表明宁夏平原"上河"地方之重要性。

冯参是西汉时期著名军事将领，光禄勋冯奉世的幼子，其姐姐冯瑗是汉元帝的婕妤。冯婕妤生了中山孝王，冯参为中山孝王舅父。阳朔中，冯参擢升为上河农都尉，驻守在宁夏平原负责屯田植谷、发展农业生产。之后，又升为安定郡太守，驻于今宁夏南部固原地区。《水经注校》中记载冯参任上河农都尉期间，管理着宁夏平原上的汉城、胡城、吕城三座城郭。《水经注校》的这些记载也说明冯参是宁夏历史上重要的农业官员，他对宁夏平原的农业生产、水利事业也作出过重要贡献。

《汉书》记载了任职于宁夏平原上的二位上河农都尉官员——班况与冯参的大名。《水经注校》又记载了"上河"之地——今宁夏平原地区屯田植谷，发展农业生产的颇大规模与情景。"上河仓长"官印是不见著录的西汉四字仓长官印，它的发现，补充了《汉书》职官的内容，增添了西汉官印的研究对象。它的发现，使我们了解了上河农都尉之下还设有与县级等同的机构——上河仓长。"上河仓长"官印的发现，丰富了研究宁夏历史的实物资料，使我们对宁夏水利史、农业史、屯田植谷的历史有了更多的了解，更深入的认识。

"上河仓长"官印，还有着古文字学、书法、篆刻学方面的研究价值。

四、由"甘泉仓长"之记载看"上河仓长"的重要性

《汉书》记载了上河农都尉，没有记载"上河仓长"，发现的"上河仓长"官印补充了上河农都尉属下职官的内容。那么，《汉书》中有没有记载其他地方的仓长及人物呢？有的，西汉著名大臣张敞青年时期曾经担任过"甘泉仓长"。"甘泉仓长"是《汉书》中记载的唯一有具体人名的仓长，如果我们了解了"甘泉仓长"的

有关记载，也有助于我们更深入地认识"上河仓长"的一些问题。

张敞担任甘泉仓长的事实，记载在《汉书·张敞传》（3216页）中。原文如下：

张敞字子高，本河东平阳人也。祖父孺为上谷太守，徙茂陵。敞父福事孝武帝，官至光禄大夫。敞后随宣帝徙杜陵。敞本以乡有秩补太守卒史，察廉为甘泉仓长，稍迁太仆丞，杜延年甚奇之。……

这段文字是说张敞青年时期以乡有秩（有秩是乡中的一种官职，地位不高）的身份调补为郡太守卒史，朝廷派下来的监察官员了解情况，发现张敞为官很是清廉，于是举荐张敞为甘泉仓长。之后，张敞因为官清廉又升迁为九卿高官——太仆杜延年的丞。太仆杜延年知道张敞升迁的这些情形之后，感到很是惊奇。

这段文字记载张敞廉洁做人、廉洁为官而被举荐为甘泉仓长，说明"仓长"官员的地位比较重要，朝廷对此要求严格，只有廉洁不贪的人，才能被举荐担任仓长之职。

"甘泉仓长"之"甘泉"，是地名，在左冯翊的池阳县西部，距长安300公里，是秦始皇修建过行宫的地方，也是汉武帝修建行宫的地方。陈直先生《三辅黄图校证》①（47页）"甘泉宫"词条注释：甘泉地方有甘泉山，有甘泉宫，甘泉宫是秦时的建筑，是秦始皇的行宫。汉武帝建元中又进行了扩建，周回十九里一百二十步。有宫十二，台十一。

---

① 《三辅黄图校证》，1980年5月第1版，1985年4月第3次印刷，陕西人民出版社出版。

这样重要的地方设置储存粮食的"甘泉粮库",经过"察举",选拔了张敞,让张敞担任"甘泉仓长",足见甘泉仓长的重要性。上河农都尉班况也是经过选拔的官员,以此比照与推想"上河仓长",也是十分重要的仓长,"上河仓长"官员一定也是朝廷重视、选拔的廉洁不贪的官员。《汉书》记载了"甘泉仓长",至今没有发现"甘泉仓长"官印;《汉书》没有记载"上河仓长",现今却发现了"上河仓长"官印。"上河仓长"是汉史汉印中仅见的四字仓长官名官印。"上河仓长"官印的发现,从一个侧面证明了宁夏平原在两汉时期屯田植谷,获得好成绩的重要意义及地位。

（原载于 2015 年第 1 期《宁夏文史》总第 32 期）

试论与王昭君关系密切的两方南匈奴官印

——兼说呼韩邪单于的历史意义与作用

"汉匈奴恶适尸逐王"与"汉匈奴恶适姑夕且渠"官印印拓载于日本人编著的印谱之中。罗福颐先生的《汉印文字征》①收载了这两方印文，原西北大学陈直先生对这两方官印做了扼要考证②。

先生考证"汉匈奴恶适尸逐王"的印文是："按：《后汉书·南匈奴列传》云：'南部单于汗立二年薨，单于比之子适立，醢僮尸逐侯鞮单于适，永平二年立。'印文之恶适，即单于比之子适之繁

---

① 《汉印文字征》，1978年9月第1版，1987年1月第3次印刷，文物出版社出版。

② 《秦汉史论丛第一集·陈直·汉晋少数民族印文通考》，中国秦汉史研究会编辑。

称。适初封为尸逐侯，又加封尸逐王。此应为汉廷给予匈奴王适未立为单于时之印。"

先生考证"汉匈奴恶适姑夕且渠"的印文是"按：恶适为匈奴单于比之子，已译上文。《后汉书·南匈奴列传》日逐、且渠、当户等，皆为异姓大臣之官号。印文姑夕为匈奴王号（见《汉书·匈奴传》），且渠为官号，表示为匈奴恶适王之姑夕小王，兼作异姓大臣也。"

陈直先生的考证说明这两方官印是东汉朝廷颁发给"恶适尸逐王"与"恶适姑夕且渠"的官印。匈奴"恶适"与"恶适姑夕且渠"得到东汉朝廷颁发的这两方官印，历经约两千年，显于人世，被人们收藏，让人们欣赏它的尊容，研究它的历史，这实在是一个奇迹。这实在是研究汉印的难遇难知的少有现象。说这两方官印难遇难知，一是因为这两方官印，文字优美，制作精良，饱含着丰富的历史内容；二是因为这两方官印还与汉代历史中的一位著名的女性人物——王昭君有着密切的关系。

这，得由这两方官印的主人——"恶适"的背景与身份说起。

适，繁称恶适。《后汉书·南匈奴列传》记载，"适"于东汉永平二年（59年）即位，为醢僮尸逐侯鞮单于。适的父亲"比"是乌珠留若鞮单于的长子。乌珠留若鞮单于名囊知牙斯，是呼韩邪单于与颛渠阏氏的儿子。因此，"适"是呼韩邪单于的重孙。

呼韩邪单于名稽侯珊，即西汉宣帝、元帝时期主张汉匈友好，多次前往汉朝京城，迎娶汉朝美女王昭君的那位著名的单于。

西汉宣帝时期，匈奴地区灾荒严重，内部争斗不断，严重的灾荒与内部的争斗，给匈奴人民的生存带来了严重的威胁，匈奴势力大为削弱。在此情况之下，继承王位的呼韩邪单于主张汉匈和好，发展汉匈友好关系。呼韩邪单于的主张，得到了西汉朝廷的积极回应。汉匈双方的来往多了起来，汉匈之间的关系有了很大改善。自汉宣帝时期开始，呼韩邪单于多次前往汉朝京城，汉朝的使臣也多次前往匈奴之地。呼韩邪单于每次到了汉朝，都受到了汉朝的隆重接待，并获得了汉朝赠送的大批礼物。竟宁元年（前49年），呼韩邪单于再次到了汉朝京城，再一次受到了隆重的接待。呼韩邪单于受到了汉朝隆重接待后，向汉元帝请求赐婚，"愿婿汉氏以自亲"——愿做汉家的女婿。为了增进汉匈的友好关系，汉元帝答应了呼韩邪单于的请求，将后宫良家子——容貌十分出众的王昭君嫁给了呼韩邪单于。呼韩邪单于得到了汉朝的赐婚，异常高兴，将王昭君命为"宁胡阏氏"，意思是要汉匈世代友好，边地永远安宁。

"昭君自有千秋在，胡汉和亲识见高。"（董必武主席诗句）昭君远嫁，汉匈联姻，改善了汉匈的关系，促使了边地的和平。这是历史时期游牧民族与农耕民族之间的重大事件，因此传为千古佳话。

呼韩邪单于与王昭君成婚之前，已娶有多名妻子，这些妻子均称为"阏氏"，这些阏氏生有十多位子女。呼韩邪单于与王昭君成婚后，也生有一子，名伊屠知牙师，被封为日逐王。呼韩邪单于与王昭君婚后两年，身得重病，临逝之前，本欲立他喜爱的年龄较小的儿子且莫车为单于，但是，他听从了颛渠阏氏的建议，立了大阏氏所生的长子雕陶莫皋为单于，并且又约定，以后王位的继承应"兄终弟及"，要"传国与弟"。

雕陶莫皋为单于后，按照匈奴习俗，复娶王昭君为妻，又生有二女。之后，呼韩邪单于的数名儿子"兄终弟及"，相继依次传位，成为单于。传到第五位阏氏生的"舆"为单于时，西汉朝廷，王莽篡权，政纲败坏，汉匈的友好关系受到了破坏。西汉向东汉转变的过程中，舆也改变了对汉朝的友好态度，经常派兵侵扰汉之边地。东汉建武六年（30年），光武帝刘秀派遣使臣前往匈奴地区，表达汉匈和好的意愿，希望汉匈重新友好，但舆的态度非常傲慢，言词十分狂放，自比冒顿单于，不把东汉朝廷的使臣放在眼里。同时又与叛汉的卢芳联合一气，侵扰汉之北边，州郡不能禁止，汉之北边"无复宁岁"。

舆为单于时，不但频繁地袭扰汉朝的边地，而且对内滥杀无辜。按照呼韩邪单于生前的约定，单于王位的继承相传，须"兄终弟及"。依当时排列的顺序，王昭君与呼韩邪单于生的儿子伊屠知牙师应封为左贤王，以备继承王位。但舆成为单于后，破坏呼韩邪单于生前的约定，想让他自己的儿子继承王位。他为了实现他的利己目的，不但不加封王昭君的儿子伊屠知牙师为左贤王——以备继承单于王位，而且残暴地杀害了伊屠知牙师。舆杀害伊屠知牙师的行为，破坏了呼韩邪单于生前"兄终弟及"的约定，损坏了呼韩邪单于开创的安定局面，内部开始了王位的争夺。呼韩邪单于的孙子——已故乌珠留若鞮单于（即囊知牙斯）的儿子比，表达了不满舆杀害伊屠知牙师的行为，舆即派人监督比的行踪，激起了比更强烈的反对。舆的做法使匈奴内部的王位争斗激烈了起来，造成了匈奴的分裂。

东汉建武二十二年（46年）舆死。舆死时将王位传给他的儿子乌达鞮侯，乌达鞮侯死后，又将王位传给他的弟弟——舆的另一儿子。本应得到王位的比不能继承王位，匈奴内乱开始。此时，强大起来的乌桓与鲜卑部族不断袭扰匈奴的边地，匈奴损失严重。与此同时，自然灾害不断，"而匈奴中连年旱蝗，赤地数千里，草木尽枯，人畜饥疫，死耗太半"。[①] 为了挽救危局，建武二十四年（48 年），匈奴八部大人开会共同拥立呼韩邪单于的孙子比为单于。匈奴分为南匈奴与北匈奴二部。比为南匈奴单于。

比为南单于后，欲恢复他大父（爷爷）呼韩邪单于的光辉业绩，加强了与汉朝的联系，重新以呼韩邪之号为他的单于之号——是为东汉时期的呼韩邪单于。比为东汉时期的呼韩邪单于后，平息了匈奴内乱，改善了汉匈关系，汉与匈奴之间有了频繁的友好来往，汉匈关系有了很大改善。建武二十六年（50 年），东汉朝廷派遣中郎将段郴等人给南单于比"赐单于冠带、衣裳、黄金玺"等大批物资。建武三十一年（55 年），比的弟弟左贤王莫立。莫为单于时，东汉朝廷"遣使者赍玺书镇慰，拜授玺绶、遗冠帻、绛单衣三袭，童子佩刀、绲带各一，又赐缯彩四千匹，另赏赐诸王、骨都侯已下"。[②] 恶适获得的"汉匈奴恶适尸逐王"官印与姑夕获得的"汉匈奴恶适姑夕且渠"官印，当是"莫"为单于时，东汉朝廷给颁发的官印。

说起汉匈和好的千古佳话，人们称赞的是王昭君，称赞的是西汉时期的呼韩邪单于。西汉时期的呼韩邪单于主张汉匈和好，

---

①《后汉书•南匈奴列传第七十九》（2942 页）。
②《后汉书•南匈奴列传第七十九》（2948 页）。

积极发展汉匈的友好关系，为汉匈边地的安定局面作出了重要贡献，有功于匈奴，也有功于汉朝，是一位值得称道的历史人物。应当受到人们的称赞。人们在称赞西汉时期的呼韩邪单于时，也不能忽略了东汉时期的呼韩邪单于"比"。比成为单于之前，能够伸张正义，谴责舆杀害王昭君儿子的暴行，卫护呼韩邪单于"兄终弟及"的主张；比成为单于之后，能够重新坚持汉匈和好的主张，积极发展汉匈友好关系。比——东汉时期的呼韩邪单于，也是一位值得称道的历史人物。比为东汉时期的呼韩邪单于，在位九年，改善了汉匈关系，汉匈边地恢复了和平局面。比死后，比的弟弟"莫"立，"莫"立一年死，其弟"汗"立，"汗"立二年死，比的儿子"适"（恶适）立为单于。"适"在位四年。适是东汉呼韩邪单于的小儿子，也是西汉呼韩邪单于与王昭君的重孙。

汉代官印，是信物，是凭证，更是身份与权力的象征。官印的材质、大小、纽式、文字都有明确的规定。西汉宣帝时期呼韩邪单于与汉朝和好后，汉朝廷给匈奴单于及诸王颁发的官印，多是五字，颁发给单于的印文是"匈奴单于印或玺"。王莽篡权的建国元年，派遣五威将等六人到匈奴中以新印换取故印，新印的印文是"新匈奴单于章"。印文之前加一"新"，表示是王莽新朝颁发的官印。王莽将原印印文中的"印或玺"字改为"章"字。王莽乱改官印印文的做法，激起了匈奴单于及王侯的强烈反对，王莽的这些做法破坏了汉匈友好关系。更始元年（23年）汉兵诛杀王莽。第二年，更始政权遣中郎将归德侯飒、大司马护军陈遵出使匈奴，重新给匈奴单于及诸王侯颁发铸有原来印文的官印，但单于舆却斥责了更始派来的官员，不认可更始颁发的汉朝官印。

比为南匈奴单于后，他的儿子适也是南匈奴之王。东汉朝廷给恶适与恶适姑夕且渠颁发的"汉匈奴恶适尸逐王"与"汉匈奴恶适姑夕且渠"官印，正是东汉朝廷给单于莫颁发玺印之同时颁发的官印。

东汉朝廷给南匈奴单于颁发的官印印文与西汉朝廷颁发的官印印文不同，也与王莽篡权后颁发的印文不同。这两方官印的形制与文字极其精美。印文中既有表示汉朝的内容，又有表示匈奴的内容，还有匈奴官职名称的内容。颁发给"恶适"与"恶适姑夕且渠"的这两方官印，反映了东汉朝廷与南匈奴的友好关系。遗留下来的类似汉印印章丰富了汉印的内容，有极高的学术研究价值。

（原载于 2019 年第 2 期《宁夏文史》总第 43 期）

"灵州丞印"揭示宁夏历史的珍贵汉印

——兼说汉代宁夏地区的马业

汉印虽小，内容丰富，一方汉印承载的内容，有时可补史之阙，可证史之误，"灵州丞印"即是这样一方汉代官印。

"灵州丞印"，出处不明，印拓载于著名印谱《十钟山房印举》[①] 第22页（如右图）。

《汉书·地理志下》（1616页）记载："……灵州，（西汉）惠帝四年（前191年）置。有河奇苑，号非苑。……"是北地郡下辖的19个县份之一。丞：官职名称。灵州丞：是灵州县级政区内的官职名称。《汉书·百官公卿表上》（742页）记载："县令、长，皆秦官，掌治其县。万户以上为令，秩千石至六百石。减万户为长，秩五百石至三百石。皆有丞、尉，秩四百石至二百石，是为

---

①《十钟山房印举》，1985年11月第1版，1985年11月第1次印刷，上海书画出版社出版。

长吏。……"《后汉书·百官五》（3623页）记载："……丞署文书，典知仓狱。……"据此可知，两汉时期，无论是万户以上的大县，或者是万户以下的小县，都设有丞这一官职。丞是负责文书、仓储、监狱方面的官员，相当于现在县内的公安局局长一职。

　　《汉书·地理志下》（1616页）记载了灵州建县的时间之后，又记载灵州县城之北有"河奇苑，号非苑"。颜师古曰"苑谓马牧也。水中可居者曰州。此地在河之州，随水高下，未尝沦没，故号灵州，又曰河奇也。二苑皆在北焉。"颜师古在灵州条目之下的这一释文说明了四层意思。一是说明了"苑"是管理饲养马匹的机构单位，二是解释了州的概念意义，三是解释了灵州一名的来历与含义，四是说明了河奇苑与号非苑的方位处所。"苑"：《汉书·百官公卿表上》（729页）中记载"……又边郡六牧师菀令，各三丞；……"《汉旧仪》[①]记载"太仆牧师诸苑，三十六所，分布北边西边，以郎为苑监官。奴婢三万人，分养马三十万头，择取教习，给六厩牛羊无数，以给牺牲。"这两处记载说明了西汉时期管理饲养马匹的职官名称与机构，以及饲养马匹的具体人数、马匹的数量、分布等。从这两处记载知道，西汉朝廷管理官马机构的最高官员是太仆（九卿之一），其下有牧师、骑丞、郎、令、丞等；负责管理官马马匹的机构主要是"苑"。苑设在边郡之地，全国六个边郡内共设有36苑，36苑中共饲养着30万头马匹，饲养30万头马匹的奴婢是3万人。

　　①《汉旧仪》，线装影印，年代未知。

已故著名秦汉史学者陈直先生在他的《汉书新证·地理志》^①灵州条目中引钱大昭的考证认为，边郡六牧师苑是"**陇西、天水、安定、北地、上郡、西河六郡**"。这说明这六个边郡内的每个郡中均设有牧师苑与牧师苑官。如以平均数计算，六个边郡共有36苑，每个边郡平均有六个马苑。36个马苑中共饲养着30万头马匹，每个边郡的六个马苑中共饲养着5万头马匹。每个马苑平均饲养8333匹官马。3万奴婢分布在36个马苑中饲养着30万头官马，每个边郡有饲养马匹的奴婢约5000人，每个马苑中有饲养马匹的奴婢约833人，每个奴婢负责饲养10匹官马。

　　陈直先生又据《汉印文字类纂·卷十二·三页》所载"北地牧师骑丞"印文认为"北地为边郡六牧师苑之一，骑丞为牧师苑令三丞之一"。先生考证认为"六郡牧师苑，今可考者仅有两郡。三十六苑之中，今可考者仅有七苑"。这七苑是：灵州县的河奇苑，号非苑；归德县的诸苑，白马苑；西河郡鸿门县的天封苑；《说文》记载的榷苑^②；居延木简载有坚年苑^③。陈直先生考知的这七苑，有的仅有其名，不知具体的设置县份，有的虽知设置的县份，不知设于该县何处，只有北地郡灵州县境——今宁夏黄河东部吴忠市与灵武市内设有河奇苑与号非苑，不但《汉书》记载得非常清楚，

---

　　①《汉书新证》，1959年11月第1版，1979年3月第2版第2次印刷，天津人民出版社出版。

　　②《说文》榷、苑名，朱骏声《说文通训定声》谓西汉三十六苑之一。《说文》，1963年12月第1版，1977年12月北京第1次印刷，中华书局出版。《说文通训定声》，1984年6月第1版，1984年6月北京第1次印刷，中华书局出版。

　　③居延汉简释文一七三页有"坚年苑髡钳右右止大奴冯宣"之简文。

而且还有颜师古的释文说明了这二苑的具体位置，更有遗存的"北地牧师骑丞"汉印为其佐证。因此，灵州县境内的河奇苑与号非苑及相关的记载，是研究与认识汉代饲养官马马业的重要资料。

灵州县设于西汉惠帝四年（前 191 年），是宁夏平原上建置最早的县之一，县治在今吴忠市境内。颜师古注释：河奇苑与号非苑在灵州县治之北。这即表明河奇苑与号非苑在今吴忠市北的灵武市辖境之内（今灵武市境黄河沿边地区）。颜师古注释灵州县得名的原因，是因县境内黄河中的"州"仍由黄河水如何涨落，都淹没不了，因为此"州"有这种奇异灵怪的现象，因此将建于此地的县名命名为灵州。

如以平均数计算，西汉时期，今宁夏区内所设的北地郡与安定郡应有 12 个马苑，12 个马苑共饲养着 10 万头官马。饲养马匹的奴婢北地郡与安定郡各有奴婢 5000 人，北地郡 1 个马苑中有奴婢约 833 人。

吴忠市与灵州县，相距 20 公里，历史时期实为一家。明代宣德三年之前，灵州县（州）治在今吴忠市境内，明代宣德三年之后，灵州治在今灵武市镇之地，县（州）治虽有迁徙，文脉却相一致。西汉时期的灵州县境内有二苑，共有奴婢 1666 人，饲养的官马是 16666 匹。按《汉书·地理志》记载，西汉时期，北地郡辖有 19 县，共有人口 21.06 万多人，平均计算，灵州县计有人口 1 万多人，而失去人身自由的奴婢即达 1666 人！占了灵州县总人口的六分之一。正是这些失去人身自由的奴婢饲养着大批官马，发展着当地的畜牧业，在反击匈奴的战争中起了重要作用。

靈州丞印，白文、靈字下部为巫，《汉书》等史籍记载为

"霝"，其下部为亚。印文中之"州"字，没有水旁，史籍中书写为"洲"，有水旁。靈、霝可替代；州、洲可替代。

（原载于宁夏社科联《学者》物刊 2012 年第 2 期，总第 42 期）

西汉"昫衍道尉"官印释证

——兼考《汉书·地理志》一则之异同

"昫衍道尉"印拓，载于康殷先生的《印典》①第二册（1384 页）之中，小篆，白文，印文清晰，字体工整（如右图）。这枚汉印印拓不但可做篆刻的楷模，还是我们研究昫衍历史的珍贵物证。

昫衍，是西戎的一个分支。《史记·匈奴列传》（2883 页）记载，秦穆公三十七年（前 623 年）："秦穆公得由余，西戎八国服于秦，故自陇以西有緜诸、绲戎、翟、豲之戎，岐、梁山、泾、漆之北有义渠、大荔、乌氏、昫衍之戎。……各分散居谿谷，自有君长，往往而聚者百有余戎，然莫能相一。"战国时期，秦惠文王于后元五年（前 320 年）"游昫

---

①《印典》为 1993 年 5 月第 1 版,1993 年 5 月第 1 次印刷，国际文化出版社公司出版，新华书店首都发行所出版。

衍，有献五足牛者。"① 上述记载表明，春秋战国时期，秦国的势力已经扩张到了西戎分支——昫衍部族的范围之内。之后，随着秦国势力向西戎之地的扩张与秦帝国的建立，西戎之地设置了北地郡，北地郡境内又设置了一些县级政区。西汉建立，汉承秦制，实行郡县制。《汉书·地理志》记载，北地郡辖有十九县，昫衍县是其中之一。东汉建立，鉴于当时人口减少的实际情况，实行郡县省并，北地郡辖有的十九县，保留了五县，省废了十四县，昫衍县是其中之一。"昫衍道尉"官印应是昫衍县省废之前，西汉朝廷颁发的官印。这枚"昫衍道尉"西汉官印，是昫衍部族留存至今的珍贵实物。为了深入了解这枚官印的意义，前面已对"昫衍"作了简略的记述，下面试对"昫衍"二字之后的"道"与"尉"，分别注释如下。

"道"：《汉书·百官公卿表上》（742 页）记载"有蛮夷曰道"。意思是说居住有少数部族民族的县称为"道"。"道"是专门为少数民族设置的政区。《汉书·地理志第八下》（1640 页）中记载："……凡郡国一百三，县邑千三百一十四，道三十二，侯国二百四十一。……"这一记载说明郡国内共有 32 个道。

《汉书·地理志第八上》记载：（1545 页）左冯翊有"翟道"；（1566 页）南郡有"夷道"；（1596 页）零陵郡"有营道、泠道"；

---

① 秦惠文王后元五年游昫衍（前 320 年）有三处记载。《史记·秦本纪》（中华书局校勘本 207 页）"五年，王游至北河"。《史记·六国年表》（731 页）"王北游戎地至河上"。《汉书·五行志》（1447 页）"孝文王五年，游昫衍，有献五足牛者"。这三处记载的是同一历史事件。秦孝文王继承王位没有五年时间（实际只有三日），"孝文王五年"应是"惠文王五年"之误。笔者发表在 1987 年《固原师专学报》1 期中的《汉书·五行志》校勘一则考证了这一问题。

（1597 页）广汉郡有"甸氐道、刚氐道、阴平道"；（1598 页）蜀郡有"严道、湔氐道"；（1599 页）犍为郡有"僰道"；（1600 页）越巂郡有"灵关道"。《汉书·地理志第八下》记载：（1609 页）武都郡有"故道、平乐道、嘉陵道、循成道、下辨道"；（1610 页）陇西郡有"狄道、氐道、予道、羌道"；（1612 页）天水郡有"戎邑道、絺诸道、略阳道、豲道"；（1615 页）安定郡有"月（支）（氐）道"；（1616 页）北地郡有"除道、略畔道、义渠道"；（1617 页）上郡有"雕阴道"；（1639 页）长沙国有"连道"，共是 30 个道。这与《汉书·地理志第八下》记载的数字相比，少了 2 道。这表明"昫衍道尉"应该是漏载的二道之一，也表明发现的"昫衍道尉"官印使《汉书·百官公卿表上》记载的 30 个道增加为 31 个道。

再释"尉"：尉是古代的官职名称，秦汉时期也在沿用。《汉书·百官公卿表上》（742 页）记载："县令、长，皆秦官，掌治其县。万户以上为令，秩千石至六百石。减万户为长，秩五百石至三百石。皆有丞、尉，秩四百石至二百石，是为长吏。……"《后汉书·百官五》（3623 页）记载："……尉大县二人，小县一人。……尉主盗贼。凡有贼发，主名不立，则推索行寻，案察奸宄，以起端绪。……"上述记载说明，"尉"是次于县令、长与丞的官员（相当于今日县内科局级）。大县的尉是二人，以左右分之，名左尉、右尉，如《十钟山房印举选》（36 页）中有"三封左尉"官印印拓，这表明三封县是大县。小县的尉是一人，如《汉印文字征补遗》[①]卷十一有"泥阳尉印"印拓，此印没分左右，表

---

① 《汉印文字征补遗》为 1982 年 12 月第 1 版第 1 次印刷，文物出版社出版。

明泥阳县为小县。县尉的主要职责是抓捕审讯盗贼，卫护地方治安（相当于今日县内的公安机关）。"昫衍道尉"官印之"尉"，没分左右，这表明"昫衍道尉"是与小县同一等级的政区。

"昫衍道尉"西汉官印的现世，补充和纠正了《汉书·地理志》之记载，它使北地郡下辖的 3 个道（除道、略畔道、义渠道）成为 4 个道。这是这枚西汉官印的特别珍贵之处，也使《汉书·百官公卿表上》中记载的 30 个道成为 31 个道。

西汉时期，除了在郡国之内设置以"道"命名的县级政区安置少数民族之外，还在边郡先后设置了约 10 个"属国"，安置归附的少数民族。"道"："有蛮夷曰道"；"属国"："因其故俗为属国"①。"道"与"属国"均是安置少数部族的政区。"道"与"属国"保留其民族的习俗习性，这是西汉帝国尊重少数民族的反映，是利于民族团结、融合的措施，对当时、对后世都有积极的意义②。"道"与"属国"也有区别。"道"内居住的是原来居住的少数民族，"属国"是安置的新归附的少数民族部族。一般而言，"道"与县同一等级，较小，"属国"较大，设在边郡所辖县境之内，离县址较远的地方。

昫衍道尉是为昫衍部族设置的县级政区。县级政区，必然建有城郭。昫衍道尉"城郭"应设置在昫衍部族活动居住的范围之内。由于这枚汉印没有明确的出土地点，要知道昫衍道尉"城郭"的具体位置，只能根据文献记载进行考证。《史记·匈奴列传》

---

①《史记·卫将军骠骑列传》。

②《文史·二十集》有王维宗先生《汉代的属国》一文，该文第五节"属国的性质及其历史作用"，对此论之甚详。

（2883 页）记载：“岐、梁山、泾、漆之北有义渠、大荔、乌氏、朐衍之戎。”《元和郡县图志·卷第四》[①]（98 页）记载：“盐州，禹贡雍州之域。春秋为戎狄所居地。《史记》‘梁山、泾、漆之北，有义渠、朐衍’，谓此也。……”

《括地志辑校》[②]（46 页）记载：“盐州古戎狄居之，即朐衍戎之地，秦北地郡也。”这两部名著的记载表明，唐代的盐州之地是先秦至秦汉时期的朐衍之地。唐代的盐州，是鄂尔多斯西南缘的著名政区。据考证，盐州州城在今陕北定边县城之南[③]。盐州的得名，是因为这一地区有出产食盐的盐湖。这些盐湖（白池、乌池等）遗迹，至今仍然存在，分布在盐州城的北部与西部地区。今日这一地区分布着四五座汉代古城遗址，究竟哪一座是“朐衍道尉”古城遗址，只有经过科学的考古发掘才能说明。

朐衍的“朐”字，在《史记》与《汉书》中是两种写法。《史记·匈奴列传》《汉书·匈奴传》《汉书·五行志》中均写为“朐”，《汉书·地理志》中写为“昫”。后世的辞书中多写为“朐”[④]。

朐:《说文》：“朐，脯挺也。从肉，句声。”

昫:《说文》：“昫，日出温也。从日、句声。”

①《元和郡县图志》，1983 年 6 月第 1 版，1983 年 6 月北京第 1 次印刷，中华书局出版。

②《括地志辑校》，1980 年 2 月第 1 版，1980 年 2 月北京第 1 次印刷，中华书局出版。

③ 见拙文《朐衍、盐州、花马池考》，《宁夏大学学报》1984 年第 1 期。

④ 如《汉语大辞典》六册月部“朐”字条目中有“朐衍”词条（1235 页）；《汉语大字典》三册月部“朐”字条目中也有“朐衍”词条（2062 页）；而两辞书的日部“昫”字条目中没有“昫衍”词条。

"胸"与"昫"，声同义不同。"昫衍道尉"汉印中的"昫"字与《汉书·地理志》中的"昫"字相同，这表明《地理志》之书写为是。中华书局1983年出版的《元和郡县图志·卷四》校勘记42条注释（120页）中已指出了这一问题。《史记·匈奴列传》、《汉书·匈奴传》及《汉书·五行志》中之"胸"字，应是"昫"字的通假字。后世辞书中书写之胸衍部族，或胸衍地名中之"胸衍"，似应参照"昫衍道尉"汉印与《地理志》之记载，加以注释说明。

（原载于2006年7月《宁夏文史》第22辑）

"眴衍导丞" 秦封泥证说

20 世纪 90 年代，陕西西安北郊发现了大批秦封泥，这批秦封泥出土之后，已有多篇文章与书籍作了介绍，并报道了部分研究成果。2002 年第 5 期《考古与文物》又刊载了《秦封泥再读》一文，此文不但新公布了一批秦封泥的拓片，而且还刊出了著者对

这部分秦封泥的考释。新公布的这批秦封泥，数量多，内容广，涉及了秦国历史的多个方面，是研究秦国历史，特别是职官史、政区史的珍贵物证。研究与使用这批秦封泥，不但有助于认识秦国历史的一些问题，而且还有助于认识汉代历史的一些问题，并可纠正补充笔者《西汉"眴衍道尉"官印释证》中的部分结论。

笔者在宁夏盐池县从事教育工作 29 年，由于业余爱好的缘故，研究了盐池县的历史，在研究盐池县历史的过程中发表了几篇文章，探讨了盐池县城北部张家场汉代古城的一些问题。1981 年第 4 期《考古与文物》发表了笔者《宁夏盐池县张家场三次出土西汉铜钱》，末尾记载："盐池县北部的张家场古城可能是西汉

北地郡下属的昫衍县治。"1984 年第 1 期《宁夏大学学报》发表笔者的《昫衍·盐州·花马池考》，又认为昫衍县治应在今陕北定边县境，不可能是张家场汉代古城。之后，见到了西汉"昫衍道尉"官印印拓，于是又撰写了《西汉"昫衍道尉"官印释证》一文[①]，该文坚持了《昫衍、盐州、花马池考》中的观点，认为张家场汉代古城不可能是北地郡下属的昫衍县治，并得出了如下一些结论："昫衍道尉"西汉官印，补充和纠正了《汉书·地理志》之记载，使北地郡中的 3 个道增加为 4 个道，也使《汉书·百官公卿表上》记载的 30 个"道"增加为 31 个"道"，从而恢复了这个行政政区因省文或脱字而丢失的一些特殊意义。并认为"道"这种行政政区始设于西汉时期，是西汉中央政府的创举。

　　2008 年，笔者拜读了 2002 年第 5 期《考古与文物》刊载的《秦封泥再读》一文，见到了"昫衍导（导）丞"秦封泥拓片，始知"昫衍"与"昫衍""朐衍"相通，"道"与"导"相通，也知道了"昫衍导丞"秦封泥之含义可以补充西汉"昫衍道尉"铜制官印之含义，并可以纠正笔者研究西汉"昫衍道尉"铜制官印时得出的一些不够准确的结论。故再对"昫衍导丞"秦封泥试作如下一些解说。

　　先看《秦封泥再读》一文对"昫衍导丞"秦封泥的考释：

《风》（149 页）。《史记·匈奴列传》（2883—2885 页）："……岐、梁山、泾、漆之北有义渠、大荔、乌氏、朐衍之戎。……《正

---

　　① 西汉"昫衍道尉"官印释证，《宁夏文史》2006 年第 22 辑。盐池文史资料选编《盐州纪事》上册。

义》《括地志》云：'盐州古戎狄居之，即朐衍戎之地，秦北地郡也。'"《汉志》记："北地郡朐衍，按朐、胸、朐、一字之讹。《汉表》曰县有蛮夷谓之道，导、道可通。'朐'与'朐，胸'相通。"

"朐衍"是西戎的一个分支。《史记·匈奴列传》记载公元前623年，秦穆公得由余，利用由余之谋，攻伐西戎，包括朐衍部族在内的"西戎八国服于秦"。秦惠文王后元五年（前320年）"游北河"，途经朐衍部族之地，朐衍部族首领曾向秦惠文王赠送了珍奇的"五足牛"礼物[①]。《汉书·地理志》记载，北地郡内设置了朐衍县。

自秦穆公得由余征伐西戎，至战国时期秦惠文王游朐衍，至秦帝国建立，又至西汉时期设立了朐衍县及"朐衍道尉"政区，东汉之后史籍中再也没有出现朐衍部族的历史记载，也没发现过朐衍部族的文字实物。朐衍部族的历史存在了600多年。留存于世的西汉"朐衍道尉"铜制官印，是西汉朝廷颁发给朐衍道尉官员的官印。"朐衍道尉"铜制官印的发现丰富了朐衍部族的历史。

新发现的秦封泥中出现的"朐衍导丞"封泥，说明"道"这种政区不始于西汉，而是始于秦代，也更加证明了朐衍部族的丰富历史，也说明秦帝国建立后同样重视与尊重边地少数民族的安置问题。笔者在《西汉"朐衍道尉"官印释证》中认为"道"这种行政政区始设于西汉时期，应该纠正。

大批秦封泥中发现的"朐衍导丞"封泥，把"道"（导）这种行政政区的设置时间，提前到了秦帝国时期，这是这枚"朐衍导丞"秦封泥最有价值、最宝贵的原因。

---

① 《汉书·五行志》校勘一则，《固原师专学报》1987年第1期。

"汉承秦制"，西汉时期设置的"道"是秦代"道"的继承与延续。因此可以认为，《汉书·地理志》中记载的数十个"道"并不全都始设于西汉时期，其中大部分的"道"应该始设于秦帝国时期。

　　西戎之下有许多分支。西戎的最大分支是义渠部族，强盛时期的义渠部族曾经建立过自己的国家。春秋战国时期，义渠人曾经与秦国争战了数百年。《史记·秦本纪》（206页）记载秦惠文王"……十一年，县义渠。……"《汉书·地理志》记载北地郡内设有义渠道，并不是义渠县。这说明《汉书·地理志》记载的北地郡义渠道也应始设于秦帝国时期。《史记·秦本纪》记载秦惠文王"十一年，县义渠"是设"义渠道"（县作动词解，是设置之意）。《史记》《正义》"地理志云：北地郡设义渠道，秦县也"。似应为"秦道也"。

　　"朐衍道尉"铜质官印，是西汉中央政府颁发给"朐衍道尉"官员的官印，是朐衍部族留存于世的珍贵实物，它反映了西汉时期朐衍部族的相关问题，它是目前已知朐衍部族留存于世的最早文字实物。通过对"朐衍道尉"铜质官印的研究，使我们对朐衍部族的历史有了更多的了解与认识，也使我们比较多地知道了秦汉行政政区设置的一些问题。

　　"朐衍导丞"秦封泥，是秦帝国中央政府颁发给"朐衍导丞"官员的官印，它是秦帝国留存于世的朐衍部族的珍贵实物，它虽然是泥质之物，但它具有更高的、更重要的学术研究价值。它反映了秦帝国时期朐衍部族的相关问题。这两枚朐衍部族留存于世的珍贵文字实物，二者相辅相成，互为补充，传递了古老朐衍部族的丰富历史信息。通过对"昫衍导丞"秦封泥与西汉"昫衍道尉"铜官印的研究，使我们知道了昫衍的更多历史内容。

它是玺印使用之后留下的实物。有了玺印，才会有封泥。有了泥制的"昫衍导丞"秦官印，才会有汉制的"昫衍道尉"铜官印。秦帝国时期的"昫衍导丞"秦封泥，历经2200多年，能够留存下来，笔者窃想，产生"昫衍导丞"秦封泥的铜制秦官印，它比秦封泥更加坚实，更加易于保存，它不可能轻易毁坏。它或许深藏于地下，或许养在深宫人未识。盼望着它也像"昫衍导丞"秦封泥一样，重见天日，让我们欣赏它的尊容，研究它的历史。

《括地志》记载："盐州古戎狄居之，即昫衍戎之地，秦北地郡也。"唐代的盐州，辖有今陕北定边县的大部与今盐池县的部分地区。据考，盐州州址在今陕北定边县南部[①]。因此，昫衍部族建立的昫衍道城也应在今陕北定边县境南部。近20多年以来，区内的有关文章与书籍或地图，均认为盐池县北部的张家场汉代古城是昫衍县（道）城之观点应该得到纠正。

（"昫衍导丞"秦封泥中的"导"字不易辨认，清人刘维坊《印文详解》摹有"石鼓文"第二鼓"廓猷者导"文句，其中"导"字清晰，可作参考。本文作了小部分改动，本文原载于2016年第1期《宁夏史志》，总第176期）

① 《昫衍·盐州·花马池考》，《宁夏大学学报》1984年第1期。

"义沟道宰印"考释

"义沟道宰印"印文印拓先后载于《讱庵集古印存》[①]《汉印文字征》与《印典》之中。义沟:《汉书·地理志·北地郡》:"义渠道,莽曰义沟。"《汉书·地理志》的意思是说王莽将"义渠道"之政区名称改为了"义沟"政区名称。

道:道是与县同一等级的政区名称。《汉书·百官公卿表上》(742页)记载"有蛮夷曰道"。意思是说居有少数民族的县级政区称为"道"。《汉书·地理志》记载西汉时期全国共有32个道,北地郡内设有除道、略畔道、义渠道3个道。

宰:古代官名。《汉语大辞典》释宰有多义,其中一义是"主掌谋一专职之官。《荀子·王制》:'宰爵知宾客祭祀飨食牺牲之牢数'。杨倞注:'宰:膳宰。'《礼记·月令》:'乃命宰祝,循行牺牲'。郑玄注'宰祝、太宰、大祝、主祭祀之官也。《礼记·祭统》

---

①《讱庵集古印存》,1999年9月,西泠印社出版。

宫宰宿夫人'。郑玄注'宫宰：守宫官也'。"西汉晚期，王莽当政，大改郡县名称，他改"县令、长曰宰"①。据此可知收载在印谱中的"义沟道宰印"是王莽当政时颁发给"义沟道"官员的官印（约等于今日的县长）。

王莽颁发给"义渠道"官员的官印是五字，而《汉书·地理志·北地郡》记载王莽改名的是"义沟"二字，王莽颁发的官印印文比《汉书·地理志》记载多了3个字。以此印证《汉书·地理志》之记载，"义沟"，应是莽曰"义沟道宰印"之省文。《汉书·地理志》还记载北地郡有"除道"，王莽改名为"通道"。"略畔道"，王莽改名为了"延年道"。所改之名中亦含有"道"字，即是明证。

义渠，是我国先秦时期西戎的一支古老部族，分布在秦国西北方。《竹书纪年》②："商武乙三十年（约前1100年）周师伐义渠，乃获其君以归。"春秋战国时期，义渠民族是秦国西北方的劲敌，秦向西北扩展势力，开疆拓土，秦与义渠发生过数十百年的激烈战争。强盛时期的义渠曾建立过自己的国家。公元前327年，义渠战败后，"秦惠文王十一年，县义渠"③。秦在义渠境内设置了义渠县政区。

秦向西北地区扩张，在义渠境内设置义渠县，加强了对西北地区的统治与管理，这是秦向西北地区扩张的重大胜利。义渠县是秦在西北地区设置的最早政区之一。《史记》《正义》"地理志"

---

①《汉书·王莽传第六十九中》（4103页）。
②《竹书纪年》，平津馆刊藏，影印清刻本。
③《史记·秦本纪》（206页）。

云：“北地郡设义渠道，秦县也。”《正义》释文认为秦时设的义渠县，汉朝改设为了义渠道。

秦帝国设置的义渠县，到了西汉改名为义渠道，“道，有蛮夷曰道”，“道”是专为少数民族设置的政区。义渠县改名为义渠道，表明西汉帝国尊重了义渠民族的生活习俗习性。这一改名，有利于当时的民族团结，民族融合，这是历史的进步。到了西汉晚期，王莽当政后，将义渠道改名为“义沟”，丢失了义渠这一古老民族的丰富历史信息，这是历史的倒退。“义渠道”这一政区名称，表明西汉时期义渠道故地仍然留居着相当数量的义渠戎人，而“义沟”之名，就失去了“义渠道”的丰富历史信息，因此，以《汉书·地理志·北地郡》记载的“义渠道”证明王莽所改的“义沟”，有助于认识王莽乱改地名的实事。

西汉时期，除了在边郡少数民族居住之地设置与县同一等级的“道”政区外，还在边郡设置了约 10 个属国，安置归降的匈奴等部族。道：“有蛮夷曰道”；属国：“因其故俗为属国”，“不改其本国之俗而属于汉，故号属国”①。意思是属国保留尊重少数民族习俗习性。道与属国均是为少数民族设置的政区，不同的是，道内的少数民族是原有的居民，属国之内的少数民族是新归附迁徙而来的少数民族。“道”与“属国”之设置，在当时发挥了积极作用，对后世也有重要影响。

王莽改义渠道为义沟道宰印，是王莽当政的天凤元年（14 年）大改郡县名称中的一例。王莽大改郡县名称“一郡至五易名”，改

---

①《汉书·卫青霍去病传第二十五》（2483 页）师古（十四）注文。

名之结果是"吏民不能纪"，给当时的社会造成了极大的混乱。

　　研究"义渠道"与"义沟"及"义沟道宰印"之异同，有助于认识义渠民族的一些历史问题①。

　　① 例如蒙文通先生《周秦少数民族研究·第七》中认为"义渠已灭，余众北走，以后为匈奴，居河套南北"。由汉帝国建立后在北地郡内设置"义渠道"之事实看，由"义沟"之改名看，义渠国被灭亡之后，部分义渠戎人可能北徙于河套地区，但大部分义渠人仍然留住在义渠原地。

汉代官印六谈

　　体现汉代官员身份、地位与权力的官印，是今日人们收藏与研究的热门项目。收藏与研究汉代官印、私印，可知中国文字之义，可识中国文字之美，可考证历史史实，还可提高篆刻技艺。

　　汉代官职门类杂，汉代官印私印门类亦杂；汉代官职名目多，汉代官印私印名目亦多。数十种《秦汉印谱》中收藏的汉代官印与私印，加上私人收藏未见著录的官印私印，及近数十年间出土发现的汉代官印私印，是历代官印私印中数量最多的官私印。数量众多的汉代官印私印，给我们展示了我国文字的变革历程，给我们展示了两汉历史的灿烂画卷。这些众多的官印是如何封授给了众多的官员？笔者根据前贤的记载与评述，狗尾续貂，写就此文，与热心收藏研究汉印的同道共同认识汉印的一些问题。

一、授印的形式与给死者赠印

　　北宋著名自然科学家，政治评论家沈括在他的《梦溪笔谈·卷十九·器用》①（276—277页）中记载："今人地中得古印章，多是军中官。古之佩章，罢免迁死皆上印绶，得以印绶葬者极稀。土中所得，多是没于行阵者。"这段记载的意思是说：今人从地面拾得的古印章，多是军官佩戴之物。古时官员，或罢免、或升迁、或死亡，皆要上交所佩戴的官印。以印章陪葬于地下者极少。现今从土中挖得的古印，多是军官阵亡后的遗落之物。

沈括在这段记载中讲述了他见到的古印情况，他的记载，反映了古代印章在北宋以前发现流布的情况，也反映了他对发现古印的认知水平。他的记载为后世印学的建立与发展起到了重要影响。

清赵翼《陔余丛考·卷二十六·换官不换印》②记载："古时每授一官，必铸一印，非如后世之官换而印不换也。《汉书》朱买臣为会稽太守，先衣故衣怀印绶步归郡，与邸吏共食。吏窃见其绶，怪之，视其印，则会稽太守章也。吏惊，出语掾吏，遂白守丞共迎之。是时买臣未莅任与旧守交代，而先以怀印而来，可知汉制每授一官，即刻一印与之。武帝以汲黯为淮阳太守，黯伏谢不受印绶，诏强与之。又可见除官时即予印绶而去，非如后世之到任始接印也。又《张安世传》：安世薨，天子赠印绶。则印绶且以之送葬矣。……后世换官不换印，其即本于琳之之议欤？"

赵翼在这段文字中记述了西汉三位著名大臣封授官印的三种

①《梦溪笔谈》为2000年8月第1版,2003年2月第2次印刷，延边人民出版社出版。

②笔者使用的《陔余丛考》为1957年12月初版，1957年12月上海第1次印刷，商务印书馆出版。

情况。记叙的第一位是朱买臣授印后上任的故事。朱买臣被封为会稽郡太守后，穿着为民时的衣服，怀里揣着朝廷颁发的官印绶，步行回到了家乡会稽郡。到了会稽郡，与一些官员共同聚餐，聚餐的人员偷看到朱买臣佩戴的印章绶带，很觉奇怪，再看印文，大惊，原来朱买臣佩戴着会稽郡太守印章——朱买臣是新到任的会稽郡太守！于是急忙出外告诉郡内的其他官员，郡内的官员隆重地迎接了朱买臣。

赵翼记述了朱买臣衣锦还乡的故事后指出，汉制规定，每授一官，朝廷即刻一印予之——朱买臣没有从前任官员手中接过会稽郡太守官印，他上任所佩戴的会稽郡太守官印，是由朝廷直接颁发给他的，不是由前任官员手中得到的。

记叙的第二位大臣是汲黯。汉武帝任命汲黯为淮阳郡太守，汲黯趴伏在地上拒不接受印绶——不愿意当淮阳郡太守。汉武帝下诏，强行将淮阳郡太守印绶给予汲黯，汲黯只好接过淮阳郡太守印绶。赵翼对此论述：前任官员去职后，已将印绶上交朝廷，汲黯得到的淮阳郡太守印绶是由朝廷颁发给他的印绶。

赵翼记叙了汲黯被迫任职的事件后指出，汲黯接受的淮阳郡太守印绶是原任太守被免职后上交的官印，这即说明前任官员一经免职即上交了官印，不像后世，新任官员到任后由原任官员手中接过官印。

赵翼记叙的第三种情况是《汉书·张汤传·张安世附传》中记载的事件：张安世病逝后，天子又给张安世赠印绶。

张安世是西汉武帝时期著名大臣张汤之子，汉昭帝时为富平侯。昭帝去世后，与霍光拥立昌邑王为帝。昌邑王为帝仅27日，因为"行淫为乱"，霍光与张安世废昌邑王，又拥立了汉宣帝。张安世是汉宣帝十分信赖倚重的大臣。元康四年，安世病，"上疏归侯，乞骸骨"。意思是上交富平侯印绶，不再为官。汉宣帝看到张安世辞职的上疏，挽留他说："你为什么想到要交侯印？是不是嫌我忘了我们的深厚友情？"汉宣帝没有同意张安世的请求。这年秋季，张安世病逝，汉宣帝"赠印绶，送以轻车介士，谥曰敬侯"。赵翼认为张安世已逝，所赠富平侯官印印绶，自然跟着张安世埋入了地下，成了陪葬之物。

西汉皇帝给死去大臣赠授印绶，让其作为陪葬之物，是皇帝对大臣的特殊照顾，特殊礼遇。没有特殊的优异政绩，没有与皇帝特殊的关系，是得不到这种陪葬之物的。西汉一代，获得这种特殊礼遇的大臣，除了赵翼列举的张安世一例之外，孔光也是一例。

孔光，孔子十四世孙，元帝、成帝、哀帝、平帝四朝重臣。《汉书·匡张孔马传》中的《孔光传》，记载成帝突然暴亡之际，夜拜孔光为博山侯，并授印绶。哀帝时，傅太后专权，免去了孔光官职，孔光上交了丞相博山侯印绶。傅太后死后，孔光复封为丞相，又赠予博山侯印绶。是时王莽秉政，"莽白太后，使九卿策赠以太师博山侯印绶，赐乘舆秘器，金钱杂帛"。意思是王莽让太后将太师博山侯印绶赠予孔光。平帝元始五年，孔光七十岁去世，葬以殊礼，复赠"太师博山侯印绶"。孔光已逝，所赠官印印绶，自然也是陪葬物品。

《汉书·孔光传》（3352—3364 页）记载的这一事件，说明封官时，即可由朝廷中得到官印，免官时，要向朝廷上交官印。官印由朝廷直接授给，不是由前任官员交给。孔光已逝，皇帝赠予博山侯印绶，让其成为陪葬物品，是汉平帝对孔光的特殊照顾、特殊礼遇。见于记载的这种特殊礼遇，西汉时期，还有一例。

《汉书·翟方进传》（3423—3424页）记载，绥和二年（前7年），汉成帝严斥了翟方进丞相，翟方进被迫自杀。汉成帝为了不让群臣知道迫令自杀的真相，让九卿高官给翟方进赠去高陵侯官印印绶，乘舆秘器等物，然后又多次前往吊丧，礼赐超过了其他丞相。翟方进已逝，所赠高陵侯印绶，自然也是陪葬之物。

西汉时期，各级官员赴任，都要亲自得到皇帝颁发的官印印绶，才能上任。官员或调任、或免职、或病逝都要上交官印。皇帝赐予官印让其作为陪葬礼物埋入地下者，多出现在王莽当政时期。

二、皇帝后宫授封印绶的情况

西汉时期，不但官员上任需要皇帝授封官印，后宫太后等人也要皇帝封授与其身份相应的官印。

《汉书·外戚传第六十七下》（3999—4004页）记载，汉元帝傅昭仪——汉哀帝的祖母傅太后与汉哀帝的生母——帝太后丁姬去世后，也获得了皇帝颁赐的印绶，并将其作为葬礼埋入了地下。元始五年（5年），王莽向王太后建言说：傅太后与丁姬埋葬时，她们还怀揣着皇太后、帝太后的印绶而下葬，太不符合礼法了，按礼法应该改葬。王莽要王太后同意开挖傅太后与丁姬的坟墓，取出陪葬的印绶销毁之。在王莽的胁迫下，王太后同意了王莽的意见，挖掘了二人的坟墓，取出了印绶，按媵妾礼制的规格，重新易地埋葬了二人。这一事件说明西汉时期后宫也颁赐印绶，同时也说明颁赐的印绶不能随意处理——不能随意作为陪葬品，同时也反映了西汉晚期外戚专权斗争的严重程度与残酷性。《汉书·外戚传》没有记载是谁给傅太后与丁姬赠送了超越礼制的印绶让其作为陪葬之物，但从情理推断，傅太后与丁姬的印绶只能是汉哀帝所赐。

三、东汉皇帝给死者大赠官印

西汉时期，皇帝给大臣赐赠印绶作为陪葬礼物数量较少，仅有数例记载。东汉时期，此风大盛，光武帝刘秀最爱施行此法。

《后汉书·礼仪下》（3152 页）记载："诸侯王、列侯、始封贵人、公主薨，皆令赠印玺、玉柙银缕；……"这一记载说明，给死者赠印绶，让其作为陪葬之物的范围，不限于前面所叙诸例。凡是诸侯王、列侯、始封贵人、公主，死后都会得到印绶作为陪葬礼物埋入地下。《后汉书》记载了数十位大臣及光武帝刘秀亲属等人获赠印绶的情况，印证了这一记载。

1.《后汉书》卷十五《来歙传》（589 页）记载，东汉光武十一年，著名大臣来歙出征，遇刺中刀，歙抽刀而亡。光武帝刘秀闻之大惊。表彰了来歙的功绩后，"……使太中大夫赠歙中郎将、征羌侯印绶，谥曰节侯……"来歙已逝，所获征羌侯印授，即为陪葬之物，埋入了地下。

2.《后汉书》卷二十《铫期传》（733 页）记载，铫期于建武"……十年卒，帝亲临禭敛，赠以卫尉、安成侯印绶，谥曰忠侯。……"铫期逝后，光武帝亲自前往探视入葬的情况，并赠赐两方官印，所赠官印，亦为陪葬之物。

3. 同卷的《祭遵传》（742页）中记载，祭遵逝后下葬之时，光武帝"……车驾复临，赠以将军、侯印绶，朱轮容车，介士军陈送葬，谥曰成侯。……"祭遵去世后下葬之时，光武帝亲自探视，并赠送给祭遵将军印绶与侯王印绶，所赠之印绶亦是陪葬之物。

4. 《后汉书》卷七十七《董宣传》（2490页）记载，建武时，湖阳公主家奴白日杀人，藏于家中，受公主庇护，官吏抓捕不到。洛阳县令董宣秉公执法，他乘公主出门之机，路上拦挡，杀其家奴。湖阳公主向光武帝告发董宣杀了她的家奴。刘秀于是下令将董宣抓来，欲打死董宣。董宣叩头说："愿说一句话后再死。"宣说："……陛下圣德中兴，而纵奴杀良人，将何以理天下乎？臣不需棰，请得自杀。……"董说完话，即以头撞柱，血流满面。刘秀见此情景大惊，忙令小太监扶住董宣，免其死罪。但同时又让董宣给湖阳公主赔不是，行跪拜之礼，承认错误。宣不认错，也不行礼。刘秀让小太监按住董宣脖子向下跪拜。董宣双手撑地，始终不肯低头。湖阳公主对刘秀说："你为民时，吏不敢至家找你，你今贵为天子，怎么不能让一个县令服从你！"刘秀笑着说："为民时与为官时怎能相同！"刘秀于是免了董宣之罪，赐董宣饭食，又奖励30万钱给董宣，夸奖董宣为"强项令"——董宣是个犟脖子县令。

董宣去世后，刘秀遣使者看望。"……唯见布被覆尸，妻子对哭，有大麦数斛、敝车一乘。……"刘秀听到董宣家庭清贫的状况，十分伤感，于是赐赏董宣两千石俸禄，并赐艾绶。艾绶为二千石官员佩戴的印绶，是银印绿绶。这比洛阳令董宣之俸禄高出了两级（洛阳令的俸禄是比千石）。董宣已逝，所得银印绿绶，只能是陪葬之物。

5.《后汉书》卷十上《皇后纪第十上》（403页）记载建武"……二十六年，后母郭主薨，帝亲临丧送葬，百官大会，遣使者迎昌丧柩，与主合葬，追赠昌阳安侯印绶，谥曰思侯。……"光武帝的这位老丈人死去已经20多年，与其妇合葬时还赠给阳安侯官印印绶，所赠印绶亦是陪葬之物。

6.同传（406页）中又记载，建武九年，皇后阴丽华的母亲及弟弟被盗贼杀死，光武帝刘秀追赠其父为"宣恩哀侯，弟欣为宣义恭侯，……使太中大夫拜授印绶，……"在停放灵柩的地方给颁发官印印绶，要以列侯之礼安葬"嘉其宠荣"。所赠列侯印绶也为陪葬物品。

7.《后汉书》卷三十二《樊宏传》（1121页）记载：建武二十七年，樊宏去世，光武帝刘秀"……赙钱千万，布万匹，谥为恭侯，赠以印绶，车驾亲送葬。……"刘秀所赠印绶自然是陪葬之物。

8.《后汉书》卷七十九《欧阳歙传》（2555—2556页）记载：建武九年歙为汝南太守，又封为"夜侯"，其间触犯了朝廷法律，下于狱中。年仅17岁的平原礼震上书皇帝，要求代替欧阳歙而死。此时，欧阳歙已死在狱中，刘秀感于有人上书为其辨冤。于是赐给欧阳歙棺木、印绶等物。欧阳歙已死，所赐印绶也是陪葬之物。

9.《后汉书》卷三十二《阴识传》（1130 页）记载："显宗即位，拜为执金吾，位特进。永平二年，卒，赠以本官印绶，谥曰贞侯。"阴识已逝，所赠印绶也为陪葬之物。

10.《后汉书》卷四十二（1429—1430 页）记载，刘秀与许美人生的第六子楚王英，于永平十四年（71 年）自杀，国除。明帝刘庄"……诏遣光禄大夫持节吊祠，赠赗如法，加赐列侯印绶，以诸侯礼葬于泾。……"楚王刘英已死，所赐的列侯印绶也是陪葬之物。

11.同传（1430 页）又记载："……元和三年，许太后薨，复遣光禄大夫持节吊祠，……又遣谒者备王官属迎英丧，改葬彭城，加王赤绶羽盖华藻，如嗣王仪，追爵，谥曰楚厉侯。……"所赠"赤绶"等物也为陪葬之物。

12.《后汉书》卷四十五《袁安传》（1523 页）记载，其重孙袁逢在汉灵帝时去世，朝廷以袁逢曾任过三老高职，"……赐以珠画特诏秘器，饭含珠玉二十六品，使五官中郎将持节奉策，赠以车骑将军印绶，加号特进，谥曰宣文侯。……"袁逢已逝，所赠车骑将军印绶自然是陪葬之物。

13.《后汉书》卷二十七《赵典传》（948—949 页）记载汉桓帝逝后，朝廷不让藩国诸侯奔丧，赵典不听朝廷规定，驰到京师奔丧，引起非议。不久，赵典病逝，"……窦太后复遣使兼赠印绶，谥曰献侯。"所赠印绶，亦为陪葬之物。

14.《后汉书》卷七十一（2307 页）记载皇甫嵩病逝，汉献帝"……赠骠骑将军印绶，拜家一人为郎。"所赠骠骑将军印绶也为陪葬之物。

《后汉书》的上述记载表明，光武帝刘秀是给逝去大臣及其亲属赠授印绶最多的皇帝，同时还说明，太后也有给逝去大臣赠送印绶，让其成为陪葬之物的权力。

给逝去大臣及其亲属赠授印绶作为陪葬礼物埋入地下，不只发生在汉代皇帝的身上，其他朝代也有。例如《魏书》卷四十一《源贺传》（923 页）记载太和三年源贺去世后，孝文帝"……赠侍中、太尉、陇西王印绶，谥曰宣，赙杂彩五百匹……"等物，所赠印绶也为陪葬之物。

官印是官员身份与地位的象征，它代表着官员所在的单位与地位以及权力。朝廷封授给一个部门官员的官印，一个单位官员的官印，或一个政区官员的官印，即代表着国家（帝王）对这个部门、这个单位、这个政区的统治与管理。官印体现着官员的荣誉、责任，官印也体现着国家（帝王）的利益与权力。官印属于官员自己，但更属于国家。私人不能处置官印，不能制作官印，官员不为官时，须上交官印。朝廷颁发官印，须按规定程序办理。由朱买臣、孔光等官员上任的记载可知，原来官员离职，已经将官印上交了朝廷，新任官员赴任，要带着由朝廷颁发的官印前去上任。这即表明，两汉时期，每个部门、每个单位或是每个政区，新任官员上任之前，已经领受了由朝廷颁发给的官印。也即是说，新任官员的官印不是由原任官员手中接交，而是由朝廷直接颁发。

官印是官员代表国家（皇帝）行使权力的信物。按规定，官印是官员在世时使用的实物，不是死者所用之物，但是古代社会，多数人相信人逝之后，灵魂仍然存活在另一个世界。死者的家人，希望他们的亲人在另一个世界仍然保有如人间的荣耀、地位、权力，所以希望将生前佩戴的官印陪葬于墓中。上述诸例中的诸位大臣，他们或者为官政绩突出，或者与皇帝是亲属关系，或者是皇帝十分信赖倚重的大臣。他们去世之后，皇帝赠给他们官印印绶，让这些官印陪葬于地下，让这些大臣在黄泉之下仍然享有生前的地位、权力与荣耀。这是皇帝对这些大臣的特殊优待，特殊礼遇。这即证明两汉朝廷制作的每种官印必有多枚，以备不同情况之使用。现今发现的官印中，多有相同者，可能与此有关。

四、皇帝随意处置官印一例

《后汉书》卷四十三《光武十王列传》（1435—1436 页）记载，汉明帝的弟弟东平宪王刘苍，在朝已经数年，要求归国，上交骠骑将军印绶。汉明帝允许刘苍归国，但不让他上交将军印绶。永平十一年（68 年），刘苍归国。汉明帝给刘苍"……今送列侯印十九枚，诸王子年五岁已上能趋拜者，皆令带之。"

官印代表着国家的利益与权力，官印不能随便颁发。但是对于皇帝而言，官印又属于他自己，他可以随便处置。刘苍归国，本应上交将军印绶，明帝却不让刘苍上交将军印绶，他还将 19 枚列侯官印绶送给他的弟弟，让其五岁以上的王子王孙佩戴这些列侯之印。在他的心目中，列侯之印只是他手掌中的玩物而已。

列侯之印是官印中的高级之印，明帝一次拿出 19 枚各式侯王之印送给他的弟弟，让其随便玩用。这一记载再次说明，制作官印时，每枚官印，必作数枚或多枚。

五、王莽改制，大造官印

西汉晚期，王莽当政，建立新朝，托古改制，大封官职，大改官名，同时又大改郡县地名，甚至一郡五易其名。地名多变，因此必作多种、多枚官印。王莽为了宣示新朝政权的合法性，不但让国内官员佩戴新朝之印，还让匈奴、西域诸地之首领也佩戴新朝之印。为此，他改汉印文，去"玺印"曰"章"。并派遣大批官员到匈奴、西域诸地，收回故印，颁发新朝之印。王莽的做法，破坏了汉与匈奴、西域诸国的友好关系，带来了灾难性的后果。王莽制作了多少官印，无法得知。现今存世的两汉官印中，王莽时期的官印占了很大比重。王莽制造的钱币非常精良，世谓他是制造钱币的高手；其实，王莽也是制造汉印章的高手。

《汉书》卷九十九（4103 页）中记载"……改郡太守曰大尹，都尉曰太尉，县令长曰宰……"康殷先生的《印典》第二册（1543—1544 页）中辑录诸家印谱中收录的王莽时期铸造的"汉氏文园宰""成纪间田宰""庶乐则宰印""陆挥关宰印""属国仓宰印""含涯宰之印""丽兹则宰印""棘阳县宰印""蒙阴宰之印""修合县宰印""义渠道宰印""颖阴宰之印""有年宰之印""储宰私印"等约 27 枚印章。这些印章，形状规矩，笔画工整、清晰，反映了王莽制印的高超水平（如下页图）。

王莽给匈奴与西域诸国颁发的多种官印，破坏了汉与匈奴及西域诸国的关系，但是这些留存于世的官印同样十分精美、十分良好。康殷《印典》第三册（2277—2279 页）中收载的王莽颁发给匈奴与西域地区的"汉匈奴恶适姑夕且渠""汉匈奴恶适尸逐

汉氏文园宰

成纪间田宰

庶乐则宰印

陆挥关宰印

属国仓宰印

含涯宰之印

丽兹则宰印

棘阳县宰印

蒙阴宰之印

修合县宰印

义渠道宰印

颖阴宰之印

有年宰之印

储宰私印

王""汉匈奴破虏长""汉破虏羌长"（如下图）等印章，是多家印谱转载的珍品，这些印章成了学习篆刻与研究汉匈关系的珍贵实物。

汉匈奴恶适姑夕且渠

汉匈奴恶适尸逐王

汉匈奴破虏长

汉破虏羌长

六、西汉末年，割据势力大制官印

西汉末年，王莽篡权，建立新朝，托古改制，大改官名、地名，与此相对应的是铸造了一大批官印颁发给了各级地方官员。王莽政权垮台后，建立的更始政权，也大封官职，也铸造了一大批官印。更始政权失败后，群雄割据，割据势力为了扩大自己的实力，也大封官职，也铸造了大批官印。

1.《后汉书》卷十三《公孙述传》（535—537 页）记载："……

建武元年四月，（公孙述）遂自立为天子，号成家。……"公孙述称帝后，"……多刻天下牧守印章，备置公卿百官。……"一些投靠公孙述的官员得到了公孙述制造的官印印绶。

2.《后汉书》卷十三《隗嚣传》（524页）中记载："其后公孙述数出兵汉中，遣使以大司空扶安王印绶授嚣。嚣自以与述敌国，耻为所臣，乃斩其使，出兵击之，连破述军，以故蜀兵不复北出。"这段引文是说，公孙述多次出兵进攻汉中，又遣使者给隗嚣送去大司空扶安王印绶，让隗嚣臣属于他。隗嚣以为自己的实力与他相等，不屑于接受他的封职，于是杀了来使，并派兵打败了公孙述的军队。这则引文揭示了公孙述利用自制官印扩张势力的行为。

3.《后汉书》卷十九《耿弇列传》（704页）记载："……光武遂南驰，官属各分散。弇走昌平就况，因说况使寇恂东约彭宠，各发突骑二千匹，步兵千人。弇与景丹、寇恂及渔阳兵合军而南，所过击斩王朗大将、九卿、校尉以下四百余级，得印绶百二十五、节二，斩首三万级，定涿郡、中山、钜鹿、清河、河间凡二十二县，遂及光武于广阿。……"王朗曾经"诈称成帝子子舆，起兵邯郸（见704页2行），……"由王朗下属官员处获得125枚官印、2枚符节，这些获得的官印很可能是王朗起事时制作的官印。

4.同传（707页）记载建武三年，"……（耿）弇与岑等战于穰，大破之，斩首三千余级，生获其将士五千余人，得印绶三百。……"岑是延岑，延岑是隗嚣的部将。刘秀的将领耿弇在穰地大败延岑之军，从延岑军队中获得300枚官印印绶，说明这些官印与符节一定是隗嚣制作。

5.《后汉书》卷十八《吴盖陈臧列传》（694页）记载，光武帝刘秀的将领臧宫与公孙述的将领在蜀中大战，"（臧宫）军至平阳乡，蜀将王元举众降。进拔绵竹，破涪城，斩公孙述弟恢，复攻拔繁、郫。前后收得节五，印绶千八百。……"臧宫由公孙述部将处一次获得1800枚印绶，可见公孙述制作官印之多之乱。

6.《后汉书》卷二十二《朱祐传》（770页）记载："延岑自败于穰，遂于秦丰将张成合，祐率征虏将军祭遵与战于东阳，大破之，临阵斩成，延岑败走归丰。祐收得印绶九十七。……"这段记载是说，延岑在穰地战败后，又与秦丰的将领张成合在一起。刘秀的部将朱祐率领征虏将军祭遵与延岑、张成战于东阳之地，大破之，并斩了张成。延岑败走逃往秦丰，朱祐从延岑处获得了97枚官印印绶。由延岑处获得的97枚官印，也应是隗嚣制作。

7.《后汉书》卷二十三《窦融列传》（798页）记载："融等遥闻光武即位，而心欲东向，以河西隔远，未能自通。时隗嚣先称建武年号，融等从受正朔，嚣皆假其将军印绶。……"

这段记载是说，河西五郡大将军窦融听到东部的光武帝即位，心想归从，但道路遥远，未能相通。此时隗嚣先称建武年号，颁发印绶，窦融接受了隗嚣颁发的官印印绶。这一记载也说明隗嚣曾经制作了大批官印，并赠予了窦融将军印绶，封了窦融官职。隗嚣虽然给窦融赠封了将军印绶，但窦融与东部光武帝刘秀保持着密切的联系。建武八年（32年）夏季，光武帝刘秀西征隗嚣，窦融率领五郡太守向东，与光武帝在安定郡高平第一城相会，大败嚣军。光武帝封窦融为安丰侯，并给颁发了印绶。让其仍然镇守河西地区。陇蜀平定后，光武帝诏窦融进京，窦融率领大批人马前往洛阳，走到城门时，派人员呈上凉州牧、张掖属国都尉、安丰侯等官印。光武帝接到这些官印印绶后，让使者返还了封给他的安丰侯印绶，留下了其他印绶。窦融上交所有印绶，意在表明臣子忠诚与谦卑的心迹，但也反映了汉印收绶的有关规定。窦融进入洛阳京城，受到了光武帝刘秀的隆重接待。

统计西汉末年，割据势力制作的官印：王朗制作了 125 枚官印，隗嚣制作了 300 枚 + 97 枚 = 397 枚官印，公孙述制作了 1800 枚官印。总计 2322 枚，这仅是战争中查获的数字，大量的官印肯定没有查到。

西汉晚期王莽新朝制作的各种官印，加上更始政权制作大批官印，再加上割据势力制作的大批官印，其数量是多少，实难估计。现今见于印谱著录的两汉官印，以及未见著录的两汉官印，数量为什么多？除了两汉时间长、官职多、官职复杂等原因外，也与上述情况有关。这种情况说明，存世的两汉官印中，特别是东汉时期的官印中，有一部分可能是公孙述等割据势力所制作。

探幽览胜"宜子孙"

——"宜子孙"吉语印探源

"宜子孙"是汉代常用的吉祥语，它出现在瓦当上，出现在铭砖上，出现在陶器上，出现在玉璧中，出现在铜镜上，也出现在汉印中。刻有"宜子孙"的汉印，是吉语印的一种。吉语印有日利、大利、长幸、大幸、长乐、长富贵、宜子孙等等。但以收载在印谱中的吉语印而言，"宜子孙"印又占据着重要的地位。上海书画社选编的《十钟山房印举选》中选收了48枚吉语印，其中的"宜子孙"吉语印即有7枚之多。毫无疑问，欣赏研究这些宜子孙吉语印，有助于认识整个吉语印的意义与其价值功用。

《十钟山房印举选》（254、256、257、258页）中的7枚"宜子孙"吉语印（如下图），以形制分，有正方形、有长方形、有圆形；以朱白文分，白文印4、朱文印3；以字体分，它们虽然同是小篆书体，虽然仅是3个字，但这3个字，因其所处"环境"之不同，书写也是各个相异，极富变化，极尽奇妙。请看这些"宜子孙"印之变化与奇妙。

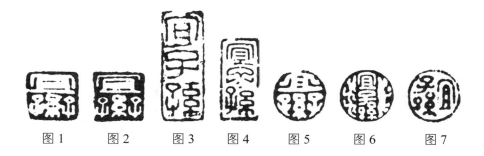

图1　图2　图3　图4　图5　图6　图7

　　图1、图2"宜子孙"印均为正方形，上部均没有一点。图1之"宜"字下部一横向左通边款，图2之"宜"字下部一横稍短，向右较长。图3、图4"宜子孙"印均为长方形，图3之"宜"字上部有点，下部一横向左通边款，图4之"宜"字上部省去一点，下部一横向右远离左边款。图5印为圆形，上部"宀"就圆形之边下行，形似大帽，盖在下部一横之上，使整个"宜"字显得严密而紧凑；图6是肖像与吉语的合体印，印面右旁的肖像似虎，印面左旁的肖像似龙，居于中部的"宜子孙"三字在两旁动物纹饰的拱卫陪衬下显得格外庄严而醒目；图7之"宜"字省去了上部的一点，"宜"字"宀"左短而右长，使印面三字疏朗而又和谐。7枚印章中的7个"宜"字，7种写法，极富变化，真是各尽其妙。

　　再看"子"字。有的"子"字上部为"口"形、有的上部为"⌒"形、有的上部为"⌂"形。有的中间一横为"十"，有的中间一横为"⟩⟨"，有的中间一横为"⊏⊐"。

　　再看"孙"字。"孙"之"子"旁或书为"⚓"，或书为"⯑"。"孙"之"系"旁或省去上面一撇书为"系"，或将上面一撇书为一横"系"，或将上面一撇书为一点"系"。

图1、图2、图5"宜子孙"印，上部"宜"字占去印面二分之一，下部"子孙"二字也占印面二分之一，"孙"字"系"旁居于下部中央，两个形似小孩的"子"字分居于"系"之两旁，依偎着中间的"系"字。巧妙的布局，契合了"子孙"二字的象形意义。图7、图8"子"字书为"子"形，右下部留下空位，孙之"系"旁上提补其空位，使"子孙"二字浑然一体，毫无倾斜之感。印文之错让搭配，繁简相合，顾盼呼应，巧妙的布局实在令人叫绝。

邓散木先生的《篆刻学》^①（85页）中说："汉印有半朱半白者，有朱白相间者，又有一朱二白者，二朱一白，一朱三白，三朱一白，二朱二白及上下分朱白者，大抵笔画少者，则以朱文间之，其二字笔画一繁一简者，则取简者朱之，繁者白之，朱白之间，各适其宜……"这7枚"宜子孙"汉印，朱文3，白文4，朱者全朱，白者全白。就缺少了邓先生所说的朱白相间的吉语印。无独有偶，笔者曾收藏有1枚朱白相间的"宜子孙"吉语汉印（如图8）^②，此印"宜"字朱文，"子孙"二字白文，"宜"字笔画细，却占去印面之半壁天下；"子孙"二字笔画粗，也占了印面的半壁天下，如此处理，反差大，对比强烈，给人的印象很是深刻。朱文"宜"

图8

①《篆刻学》为2013年4月第1版，第1次印刷，2016年9月第1版，第4次印刷，浙江人民美术出版社出版。

② 此印是笔者捐给区博物馆的32枚汉印之一，由吴耘锋取去交于区博物馆。

字略向左倾，"子孙"二字之"子"字竖勾斜向边款，右部留下空白，"孙"字之"系"旁上部一撇为点，上提补其空缺，使"子孙"二字成为相互依存，互为补充的整体。此印的发现，使"宜子孙"吉语印的家族中增添了新的成员。

最妙者是浙江省博物馆珍藏的人物宜子孙吉语印（如图9）[①]。此印右部"宜子孙"三字为竖式白文，笔画方折，紧凑有力，给人厚重坚实的感觉。左部为朱文之人形，此人左手抛物，右手并不忙着承接，信心十足地等待着抛物落入右手之中，呈现给读者的是一位技艺高超的杂技

图9

艺人形象。这位杂技艺人的形象，使"宜子孙"三字深深地印在了人们的脑海之中。

有人说，古人制印的目的是实用，其艺术价值与审美价值是后人欣赏所为。但是，只要我们将这9枚宜子孙汉印进行一番整体的赏析与探讨，就不难发现，古人制印固然首先考虑的是它的实用价值，但也没有忽略它的艺术价值与审美价值。特别是含有祝愿、吉祥意义的这类吉语印，其印质之良好、文字之上乘、布局之合理精妙，自能充分体现其使用价值，充分显示其强烈的祝愿吉祥意义；反之，印质粗劣、文字低下、布局不当者，自会降低其祝愿吉祥之意义。因此，表达祝愿吉祥意义的吉语印，其本身的实用价值、艺术价值、审美价值，是紧密结合在一起的，是相

---

① 王伯敏：《古肖形印臆释》，上海书画出版社，1983年9月。

得益彰的。美在差别中，美在多样化中，美在千姿百态中，美在变化中。这些"宜子孙"吉语印，形状多样，构思巧妙，文字极富变化，其实用价值——祝愿吉祥的意义与其艺术价值、审美价值，得到了充分的体现。

众多的"宜子孙"汉印，说明了"宜子孙"这一祝愿的吉祥词语，是汉代广泛流通使用的词语。揭示"宜子孙"吉语印在汉代广泛使用的这种现象，有助于认识汉代人的心态状况与民俗风情。

"宜子孙"吉语出现在多种器物上，出现在多种场合中。以珍贵的玉璧、铜镜、印章等物承载祝愿吉祥的"宜子孙"吉语，反映了汉代人重视、关心儿孙的思想感情，表达了人们对儿孙殷切的期盼。期盼儿孙，重视关爱儿孙，祝愿儿孙诸事美好，是人类的天性，这种天性，促进了人群的繁衍，促进了人类的发展。这种天性，形之于文字，书（刻）之于器物，形成了"宜子孙"吉祥语。这一吉祥语，可以上溯到我国最早的诗歌总集《诗经·国风》①的《螽斯》一诗之中。《螽斯》一诗的全文如下：

螽斯羽诜诜兮。宜尔子孙振振兮。螽斯羽薨薨兮。宜尔子孙绳绳兮。螽斯羽揖揖兮。宜尔子孙蛰蛰兮。

这首《螽斯》，是西周时期流行在周地的一首民歌，螽：蝗虫。蝗虫生子多，繁殖力极强，古人以此为喻，祝盼成婚的男女多生儿孙。全诗语言简约，反复歌咏，表达的感情直率而强烈。

民歌，见景生情，生情歌咏，歌咏成为士人之诗，成诗吟诵。

① 高亨注：《诗经今注》，1980 年 10 月第 1 版，1982 年 8 月第 2 次印刷，上海古籍出版社出版。

吟诵舒心意，泄感情，又注入新的内容。由西周至两汉，《螽斯》诗中希望多生子女的"宜尔子孙"，随着时代的发展变化，逐渐演变为了祝愿儿孙幸福吉祥的吉语 ——"宜子孙"。"宜子孙"这一吉祥词语，与《螽斯》中的"宜尔子孙"十分密切，它应是由"宜尔子孙"演化而来的吉祥词语。

"西河农令"官印证说

—— 再释"西河" ^①

《文物》刊物于 1977 年第 5 期介绍了内蒙古伊克昭盟征集到三方汉代官印，接着又记载"'西河农令'官印出土于杭锦旗霍洛柴登公社的一座汉城遗址内。阴文篆字（如右图），桥纽，边长 2.35 厘米，身高 0.8 厘米，通高 1.75 厘米"。著者介绍了此印的情况之后，又作了如下论述：

"西河郡设置于武帝元朔四年（前 125 年）。《汉书·食货志》：'初置张掖、酒泉郡，而上郡、朔方、西河、河西开田官，斥塞卒六十万人戍田之。'是西河农官的设置，与张掖、酒泉郡的设置时间相当。据《汉书·武帝纪》，元狩二年（前 121 年）设武威、酒泉郡，元鼎六年（前 111 年）分武威、酒泉地置张掖、敦煌郡。则

---

① 笔者发表的《上河与西河》见 1991 年第 3 期《黄河史志资料》。《黄河名称试论》见《宁夏文史》1991 年第 9 辑（内部刊物）。

西河农官大概也置于元鼎年间。……西河农令官印大概是从设置西河农官到太初年间的遗物。

西河在西汉是一个大郡，属县三十六，人口六十九万八千八百三十六（原文误记为八十九万，此数，据《地理志·西河郡》改）。顾祖禹《读史方舆纪要》：'今涝州府西北之永宁州，以至延安府之葭州，及榆林镇之东北境，皆是其地。'及包括今山西西部、陕西北部的部分地方；在内蒙古境内，这方古印证明其范围及于伊盟杭锦旗。这一带大部分在鄂尔多斯高原上，秦汉时常称河南地新秦中。近年在伊盟西部地区的考古调查中，发现许多古城遗址和古墓群。霍洛柴登古城内丰富的文化遗存和周围大片墓群，以及干河、草滩、沙地中的铁农具等零散遗物，说明这一带在汉代是宜于农耕的地区。西河郡有美稷县，稷就是糜子，盖因此地宜于种植糜子而得名。在霍洛柴登等地古墓中已发现过汉代糜子和糜杆痕迹，可见当时农业的一斑。"

此印印文清晰，出土地点明确，是研究伊盟杭锦旗古代历史的珍贵物证，但著者根据伊盟杭锦旗发现的"西河农令"汉代官印，而认为杭锦旗地方是属于山陕之间的西河郡范围之内，则是需要探讨的问题。为此，笔者试对此印作如下一些考证。因为此印印文有"西河"词语，故先释"西河"。

一、西 河

"西河"是先秦至秦汉时期的习见辞语。《史记》《汉书》中多有记载，有时指山西、陕西之间的黄河及其西部地区，以及在这一地区设置的西河郡，有时又指今宁夏至内蒙古杭锦旗之间的黄河及其西部地区。

例1：《史记·赵世家》（1813页）记载："……主父行新地，遂出代，西遇楼烦王于西河而致其兵。"（1820页）记载："……王与秦昭王遇西河外。"

例2：《史记·苏秦列传》（2276页）记载："……西河之外，上雒之地，三川晋国之祸……"

例3：《史记·樗里子甘茂列传》（2309页）记载："……魏亡西河之外而无以取者，……西河之外必危矣。……"（2311页）记载："……始张仪西并巴蜀之地，北开西河之外，南取上庸，……"

例4：《史记·孙子吴起列传》（2167页）记载："吴起为西河守……"

例5：《汉书·卫青霍去病传》记载西汉名将路博德是西河郡平州人。

上述所引记载表明，早在战国时期，今山西、陕西之间的黄河及其西部地区已有了"西河"称谓。魏国在这段黄河西部设置的西河郡也是因这段黄河的"西河"名称而得名。西汉建立后，此地仍然设置了西河郡。再看如下记载：

《汉书·地理志·北地郡》（1616页）记载："……廉（县）。卑移山在西北。莽曰西河亭。"

廉县是北地郡所辖十九个县份之一，古城遗址在今银川市境北部。卑移山即今宁夏回族自治区西部的贺兰山。廉县是西汉时期，今银川市的政区名称。西汉晚期，王莽当政，大改郡县地名，他把廉县改名为"西河亭"，这即说明西汉时期，今宁夏地区的黄河及其西部地区也有了"西河"的称谓。

王国维校注的《水经注校·卷三》（73—74页）记载："河水又北过北地富平县西。河侧有两山相对，水出其间，即上河峡，世谓之为青山。……薛赞曰：上河在西河富平县……"

富平县在今宁夏青铜峡附近。薛赞的注释也说明今青铜峡附近的黄河及其西部地区在西汉时期已有了"西河"的称谓。

《汉书·卫青霍去病传》（2473页）记载："……今车骑将军青度西河至高阙，……"度"西河"至高阙的"西河"，必指今杭锦旗地区的黄河及其西部地区。高阙在今内蒙古杭锦旗西北的狼山地区。

《汉书·昭帝纪》（218页）记载："冬，匈奴入朔方，杀略吏民。发军屯西河，左将军桀行北边。"匈奴冬季进入朔方郡，汉廷发军队屯守西河，阻挡匈奴进入，此"西河"应该是今内蒙古杭锦旗地区的"西河"，不可能是山陕之间的西河或西河郡。

《汉书·武帝纪》（203页）记载：天汉二年"……又遣因杆将军出西河……"（209页）记载征和三年"……御史大夫商丘成二万人出西河……"这两次出"西河"，也可能指的是杭锦旗西北部的"西河"。

《汉书·匈奴传上》（3777页）记载："……汉又使因杆将军出西河……"（3778页）记载："……御史大夫商丘成将三万余人出西河……"这两处记载与前面的记载是相同事件。

上述引文中的"西河"，也指的是今杭锦旗附近的黄河及其西部地区。综上所述，先秦至秦汉时期，不单山陕之间的黄河及其西部地区称为"西河"，今宁夏至内蒙古杭锦旗之间的黄河及其西部地区也称为"西河"。

《汉书·食货志》（1173页）记载："明年……又数万人度河筑令居。初置张掖、酒泉郡，而上郡、朔方、西河、河西开田官，斥塞卒六十万人戍田之。……"这一记载中的前一个"西河"是西河郡的名称，后一个"河西"，是个泛指性的地区名称，不是郡名名称。1300年前的唐代杜佑已经指出："卫青渡西河至高阙破匈奴，河自今灵武郡之西南便北流，千余里，过九原郡乃东流。时帝都在秦，所谓西河，疑是此处；其高阙当在河之西也。《史记》，赵武灵王筑长城，自代并阴山，下至高阙，则与汉书符矣。其河自九原东流千里，在京师之北，汉史即云'北河'，斯则西河之侧者。"①

先秦至秦汉时期，之所以在黄河的东西两段地方出现两个"西河"名称，是因为黄河的身体是一个"几"字形的缘故，如果黄河的身体不是"几"字形的缘故，也就不会有两个"西河"名称，及西河郡的名称。

西汉时期，今宁夏至内蒙古杭锦旗的黄河及其西部地区，既然存在着一个"西河"名称，"西河农令"官印又发现在内蒙古杭锦旗境内，杭锦旗地方正是西汉时期的朔方郡辖地，因此，这个"西河农令"官印，应该是西汉朝廷颁发给朔方郡官员的官印。朔方郡的"西河"与山陕之间的西河郡距离较远，二者没有领属关系。山陕之间的西河郡不可能管辖到朔方郡——今内蒙古杭锦旗之地。笔者因此认为，发现的"西河农令"官印反映了西汉时期

① 《资治通鉴》卷十八（中华书局校注本二册600页）注释文字。

朔方郡的有关问题。

二、农　令

秦代，负责农业与货币的官员名治粟内史，汉初仍为其名。汉景帝后元年间（前143—前141年），更名为大农令，武帝太初元年（前104年），更名为大司农。《汉书·百官公卿表第七下》中记载，孝景帝后元年至武帝太初元年，约40年间，共有9名大臣为大司农。景帝时期的是惠，武帝时期的有北地都尉韩安国、殷、詹事郑当时、颜异、正夫、孔仅、客、张成等。大司农是朝廷中的九卿高官，秩为"中二千石"，职务高于朔方郡太守。用西汉朝廷的大司农官职解说朔方郡境内发现的"西河农令"官职官印，表明朔方郡内设置的"西河农令"官员，对于朔方郡屯田植谷，发展农业生产，起着重要的作用。

今宁夏至内蒙古杭锦旗地区的黄河及其西部地区，称为西河，这一西河地区，受黄河泽惠，得黄河灌溉之利，具有发展农业生产的独特条件与优势。西汉朝廷在北地郡富平县附近——今宁夏青铜峡地方设置了上河农都尉官员[①]，上河农都尉的职位也高于当地县令长的职位。因此，发现于内蒙古杭锦旗的"西河农令"官印，应该是西汉朝廷颁发给朔方郡的"西河"农官的官印。

陈直先生的《汉书新证·百官公卿表第七上》（135页）"农都

---

①《汉书·叙传》记载上河农都尉官员有班况，《汉书·冯奉世传》记载上河农都尉官员有冯参。

尉"词条记载：青海出土的赵宽碑云"充国弟子声为侍中、子君游为云中太守，子游都朔农都尉"。陈直先生认为"朔农都尉"是"朔方郡农都尉之省文"。陈直先生的解释说明，朔方郡地区是设置了农都尉官员的。

"西河农令"是朔方郡负责屯田植谷，发展农业生产的官员，与朝廷大司农是同一个系统，二者共同负责朔方郡屯田植谷发展生产的重要任务。

《汉书·武帝纪》（199页）记载："太初元年冬十月……夏五月，正历，以正月为岁首。色上黄，数用五，定官名，协音律。"这段记载之后的注释二、张晏曰："汉据土德，土数五，故用五，谓印文也。……"这两段记载说明四字"西河农令"之"农令"，应是"大农令"之省文。这枚四字印文的"西河农令"官印，颁发的时间应该在汉武帝太初元年之前（前104年）至朔方郡设置的一段时间之内。

（原载于2014年第2期《宁夏文史》总第31期）

从"朝那鼎"与两枚汉印印文探
"那"字的字源

　　朝那（音珠诺），又名戎那邑，是先秦时期西戎地区的一个地名与部族名称。秦汉时期，又是北地郡（后为安定郡）所辖的一个县级政区名称。这个县级政区之内既有帝王祭祀的"湫渊"圣水①，又有萧关军事要塞（因在朝那县境内，又名朝那塞），因此，秦汉时期的一些重大历史事件发生在这里。秦末，陈胜、吴广起义，刘邦、项羽灭亡了秦朝，楚汉相争之际，北方草原地区兴起的匈奴部族在其首领冒顿的率领下，"……遂东袭击东胡。……西击走月氏，南并楼烦、白羊河南王，悉复收秦所使蒙恬所夺匈奴地者，与汉关故河南塞，至朝那、肤施，遂侵燕、代②。……"匈奴冒顿的势力达到了朝那县的境地。西汉建立后，到了汉文帝前元十四年（前 166 年），匈奴老上单于率领十四万骑兵侵入朝那、

---

　　①《史记·封禅书》（1372 页）秦并天下，对天下名山大川之祭祀做了规定。华山以西的名山七、名水四。"水曰河，祠临晋；沔，祠汉中；湫渊，祠朝那；江水，祠蜀。"

　　②《汉书·匈奴传》（3750 页）。

萧关，杀害了北地郡军事长官北地都尉孙卬①，震惊了西汉朝廷，震惊了汉文帝。汉文帝急忙调遣大军，布防在北部边地，防止匈奴骑兵进犯京师。公元前140年，汉武帝即位，承文、景二帝积累的雄厚国家实力，开始了对匈奴大规模反击战争。数十年的战争期间，汉武帝自元鼎五年（前112年）至后元元年（前88年）24年间，十一次出巡宁夏地区（安定郡与北地郡）②，多次经过了朝那县的萧关要塞。西汉末年，王莽当政，政纲败坏，东汉建立的过程中，著名的文史大家班彪向北出游，前往安定郡，经过了安定郡的义渠、泥阳、朝那、高平等县。"闵獯鬻之猾夏兮，吊尉卬于朝那"。他途经朝那县，在朝那县的萧关举行了祭拜活动，悼念战死的北地郡都尉孙卬③，并把他的悼念活动记叙在了他的《北征赋》中。斑斑点点的史迹，表明朝那县是安定郡内的重要县级政区，是安定郡的驻兵重地。朝那县留下了汉武帝的频繁足迹。朝那县还是我国古代伟大的学者与医学家皇甫谧的出生之地。因为此，朝那县古城的位置在何地，皇甫谧的故址在何处，成了今日甘肃、宁夏两省区争论、议论的话题④。

1977年，宁夏固原彭阳县古城镇出土了一件带有铭文的铜鼎（图1），其上的铭文共是三段，第一段铭文为："第廿九、五年、

---

①《汉书·文帝纪》（125页）。

②钟侃先生《宁夏古代历史纪年》中辑录了汉武帝出巡宁夏九次。近些年的一些文章中谓六次。其实，《史记》《汉书》以及《资治通鉴》中均有十一次记载。笔者的《汉武帝出巡宁夏三说》一文讨论了这一问题。

③班彪《北征赋》。

④宁夏人民出版社《走近皇甫谧》辑录了多篇时贤的有关文章。

图 1

图 2

朝那、容二斗二升、重十二斤四两"（图2）。第二段铭文为："今
二斗一升、乌氏。"第三段铭文为："今二斗一升、十一斤十五两。"
这三段铭文字体不相一致，专家认为铜鼎上的这三段铭文是分三
次刻成，铭文中之"廿九"是汉武帝即位第二十九年，铭文之
"五年"是汉武帝元鼎五年，元鼎五年正是汉武帝即位之二十九
年，这件铭文铜鼎是西汉时期的铜鼎。这件铭文铜鼎的出土，证
明秦汉时期的朝那县治在今宁夏固原彭阳县古城镇之地[①]。铭文铜

①张有堂、杨宁国《朝那鼎铭文释》《走近皇甫谧》，宁夏人民出版社。

鼎的出世，给朝那县治、给皇甫谧籍贯的确定提供了充分的证据。铭文铜鼎出世于朝那县故址，人们称铭文铜鼎为"朝那鼎"，被定为国家一级文物，陈列在固原市博物馆内。

　　彭阳县古城镇不但出土了铭文铜鼎，还出土了错金铜羊等珍贵文物，这些出土之物亦是见证朝那历史的珍贵实物。如今，人们正以出土的朝那宝鼎等珍贵文物解说着固原的历史。朝那宝鼎使尘封了二千多年的朝那古县恢复了它的生机，恢复了它的历史面目，也使出生于朝那县的医学大家皇甫谧受到了更多人的了解与尊重。"悠久历史是资源，名人圣地励后人。"在挖掘朝那丰富的历史资源、接通古今文化命脉的今天，笔者亦置喙其中，将见于印谱中与朝那历史紧密相关的一枚"朝那左尉"印拓、印章与另一枚骨质"朝那县宰印"介绍给大家，供大家欣赏研究。

　　"朝那左尉"印拓载于康殷先生的《印典》（1312 页）之中①，白文，印文清晰，字迹工整，是典型的小篆。（如图 3）

　　朝那是汉代朝那县的名称，先属北地郡，后属安定郡，是安定郡的 21 县之一。

　　尉是汉代县级政区内令或长以下的官职名称，它与"丞"属于同一等级，每年的俸禄是二百石至四百石。大县设尉二人，小县设尉一人。大县

图 3

①《印典》说明此印拓见于《故宫博物院藏古玺印选》，但查阅此书，并无此拓片，可能是著者误记了印拓的书名。

二尉以左右分之，朝那县内有左尉，必有右尉。汉印印文的"左尉"，表明朝那县是万人以上的大县。"……尉主盗贼。凡有贼发，主名不立，则推索行寻，案察奸宄，以起端绪[①]。……"县尉主要负责的是社会治安，相当于现在的公安局局长。

由印文字体、印拓风格、印文内容判断，这枚汉印应是西汉早期朝廷颁发给朝那县内尉官的官印。这枚官印不但见证了朝那县的悠久历史，给我们传递了朝那县的有关历史信息，而且印文中"那"字之字形，还为研究这个字的字源、字义提供了可贵的实物证据。

"那"，《说文》书为（见下文）。注文："西夷国，从邑声，安定有朝那县。"段注《说文》对"那"字做了多方面的考释，但限于当时的条件，没有收载"那"字的同文异体之字。新编的《汉语大字典》[②]六册 3760 页"那"字字条中除了详细的注释文字之外，还收载了"那"字的四种篆书书体：

說文·邑部　　漢印

西狹頌　　熹·詩·校記

---

①《后汉书·百官五》（3623 页）。

②《汉语大字典》，1986 年 10 月第 1 版，1986 年 10 月第 1 次印刷，四川辞书出版社、湖北辞书出版社出版。

"朝那左尉"印文中之"那"字，与《汉语大字典》中汉印之"那"字字形完全相同。现今所见印谱中均无含有"那"字之汉印，《汉语大字典》中汉印之"那"字，肯定是来源于"朝那左尉"汉印中之"那"字。"朝那左尉"汉印之"那"字被《汉语大字典》所收载采用，说明这枚汉印早就进入了古文字学家的视线之中。"朝那左尉"汉印，为研究"那"字字源、字义提供了可贵的实物证据，这是这枚汉印的幸事。可能是"朝那鼎"的介绍与研究中没有突出"那"字的字形、字义，也可能是对"朝那鼎"的介绍宣传力度不够。宁夏固原彭阳县出土的"朝那鼎"，有明确的出土地点，其研究价值远在"朝那左尉"汉印之上，但是其中之"那"字，《汉语大字典》却没有收载进来，这不能不说是一个小小的缺憾。"朝那鼎"中的"那"字与《汉语大字典》中收载的四个"那"字是"同文异体"之字。"吾人苟欲研究此纷歧之文字，必先就同文异体者综合之，剖析之，以求其相同相异之点，而后其所以纷歧之故始可得而言焉。"（容庚编著，张振林、马国权摹补《金文编》[①]马衡序）综合同文异体之字，是研究古文字的基础性工作。《汉语大字典》汇集了"那"字的四个同文异体之字，对"那"字字源、字义之研究，极有参考价值。《汉语大字典》的编纂者经过辛勤工作，汇辑到四个同文异体之"那"字，实属可贵，如果再将"朝那鼎"中的"那"字亦收录进来，对"那"字的研究更有裨益。

---

①《金文编》，1985 年 7 月第 1 版，1985 年 7 月北京第 1 次印刷，中华书局出版。

近十年以来，银川市的文化市场上经常可以见到出售的骨质汉印，据说这些骨质汉印来自宁夏盐池县的一座汉代古城。但是人们不认这些东西，均认为是伪造之物。笔者亦喜好汉印，20世纪70年代前后，笔者曾陆续在张家场汉城得到过30多枚汉印，其中的32枚捐给了区博物馆，剩下了3枚骨质私印，这3枚骨质私印，个小、残破，完全与现在所见的骨质汉印不能相比（现在多为官印），因此，见到现在的骨质汉代官印，起初也怀疑是伪造之物，但是对这些骨印进行仔细研究之后渐渐改变了看法，经过调查研究，觉得不能轻易否定这些东西。以笔者见到的这枚骨质"朝那县宰印"汉印而言，售卖者不识印面的文字，更不知这个汉印的意思，他们如果造假，首先要读出这个字的字音，还要了解这个字的字形。这枚精美的骨印及龙形印纽，令现在的人难以想象。经过反复研究，笔者认为骨质汉印易于造假，市场上可能有伪造的骨质汉印，但是也不能对见到的骨质汉印一概认为是造假之物[1]，主要的问题是要认真研究。

这枚骨质"朝那县宰印"（图4、图5），白文，正方形，边长2.2厘米，厚0.5厘米，龙纽，盘爬于印背上之龙形，虽低平，却清晰生动，龙身上有穿孔，印面字迹清楚，整体形象极其精美。"那"字的部分笔画稍有残蚀。"那"字字体是（见四种篆书字体2），亦是《汉语大字典》所收载的四个"那"字的同文异体之字。此

---

① 卫宏《汉旧仪》"秦以前民皆佩印，以金、银、铜、犀、象为方寸玺，各服所好。自秦以来，天子独称玺，又以玉；郡臣莫敢用也。"（秦以来，通行本中为汉以来，沙孟海先生据蔡邕《独断》改。1983年第3期《书法研究·谈秦印》）卫宏的记载表明秦汉时期有用犀骨、象骨制印的习惯。

图4   图5

枚骨质汉印中之"那"字，对"那"字字源、字义之研究，亦有参考价值。这枚骨质汉印是五字，其中的"宰"是王莽改"县令长曰宰"的官职名称，这个"宰"字表明这枚骨质汉印是西汉末年王莽当政时制作的官印。我们将"朝那鼎"中的"那"字，"朝那县宰印"中的"那"字，与《汉语大字典》中收录的四个"那"字排列在一起，可以对"那"字的演变有些更深入的认识。

"朝那左尉"汉印中的"那"字是西汉早期的"那"字。

"朝那县宰印"中的"那"字是西汉末年王莽时的"那"字。

《说文》中的"那"字是东汉时书写的"那"字。

《西狭颂》中的"那"字是东汉建宁四年摩崖刻石的"那"字。

《喜·诗·校·记》中的"那"字也是东汉时期的"那"字。

"朝那鼎"被断为西汉之物，此鼎上的"那"字也应是西汉时期的"那"字。但是这个"那"字与"朝那左尉"中西汉早期的"那"字，字形差别较大，与西汉末年王莽时的"那"字的字形差别也较大。笔者认为，将"朝那鼎"中的"那"字与其他"那"字结合在一起比较研究，"朝那鼎"中的"那"字字形更接近东汉

《说文》中的"那"字，因此，朝那鼎上的这段铭文可能是东汉时期所刻。将"朝那鼎"中的"那"字与其他文字结合在一起研究考虑，不但有助于"那"字字源、字义的研究，也有助于研究与判断朝那鼎上铭文所刻的时间问题。

不明出土时间、不明出土地点的"朝那左尉"汉印与有明确出土地点的"朝那鼎"及骨质"朝那县宰印"相聚在一起，相互对话，共话家常，议论朝那县治之确定、议论皇甫谧籍贯之争，议论"那"字之"同文异体"之说。对话的结果，不得而知，对话的过程，显示了宁夏固原彭阳县古城镇出土的"朝那鼎"的重要历史文化价值，显示了两枚"朝那"汉印的重要证史作用，也显示了固原彭阳县深厚的历史文化内涵与重要的历史地位。

（本文原载于福建省《东方收藏》2011年第1期，本文曾获得北京市"中国民族文化研究会"发来的"获奖通知"。2012年3月20日）

《后汉书·段颎传》注文补校一则

《汉书·地理志·北地郡》记载，灵武县是西汉北地郡 19 县份之一，东汉时期省废，历史有 300 余年，但是没有记载其城址方位处所，《后汉书·皇甫张段列传》及李贤注文记载了其方位处所。其（2150 页）记载："……颎遂与相连缀，且斗且引，及于灵武谷。颎乃披甲先登，士卒无敢后者。……"（唐李贤）注五曰："灵武，县名，有谷，在今灵州怀远县西北。"《中国历史地图集·第二册·并州、朔方剌史部》地图，也将灵武县标注在银川市（怀远县）及廉县西北 。 笔者认为"灵武县在灵州的怀远县西北"的看法有问题，不能成立。

史籍记载唐仪凤二年（677 年），黄河发大水，黄河西岸边的怀远县损毁，唐仪凤三年（678 年），怀远县向西迁于今银川市老城，成为新怀远县。历史发展到北宋西夏时期，怀远县演变为怀州，到了元明时期，怀州之名退出了历史舞台。唐仪凤二年黄河西岸处的怀远旧县，唐仪凤三年迁往今银川城市的怀远新县，到了北宋西夏时期改为不同名称。《元和郡县图志》卷四记载灵州所辖的灵武县（94 页）记载："灵武县，上。东南至州十八里（校改为八十八里）。本汉富平县之地，后魏破赫连昌，收胡户徙之，因号胡地城。天合中于此州东北置建安县，隋开皇十八年改为大润县，仁寿元年改为灵武县，移入胡地城安置。"这段记载是说灵州至所辖的灵武县是88里，后魏破赫连昌，将获得的胡人遣往了灵武县，灵武县因此又称胡地城。天和中，在胡地城之北，设置建安县，之后又改为大润县，仁寿元年，改为灵武县，又移入胡地城。这说明西汉时期的灵武县，几经变化，到了唐代，灵武县的城址还在原来的地方。

《元和郡县图志》卷四（95页）又记载："怀远县，上。南至州一百二十五里。在州东北，隔河一百二十里。……后魏给百姓，立为怀远县。其城仪凤二年为河水汛损，三年于故城西更筑新城。"这一记载是说，由怀远县向南到灵州城是125里，隔河是120里。此怀远县因为唐仪凤二年黄河发大水被汛损，被遣往了今银川老城。遣往今银川老城的怀远县，当在灵武县城东北不远处。因此，西汉灵武县城只能处在新旧怀远县的西南方，不可能处在西北方。所以，《后汉书·段颎传》李贤注五（2150页）曰"灵武县……在今灵州怀远县西北"不能成立，应校改为"灵武县在怀远县西南方"。

"金连盐泽"与"青盐泽"地望位置再考

——朔方县县址献疑之一

"金连盐泽"与"青盐泽"是西汉时期朔方县之南的两个盐湖，有关这两个盐湖的情况见于《汉书·地理志》之记载，亦见于王国维《水经注校·卷三》之记载。但是关于这两个盐湖之具体位置，历代《史记》《汉书》注家，并没有做出具体说明，近现代的一些论著中，多认为这两个盐湖在今内蒙古杭锦旗黄河南岸地方[①]，谭其骧先生主编的《中国历史地图集·第二册》[②]也将其标在这里。"金连盐泽"与"青盐泽"，在《汉书》中是不引人注意的记载，但是确知这两个盐湖的地望位置，有助于了解这两个盐湖的长久历史及其作用，也有助于认识朔方县的方位及两个盐湖的地理位置。笔者细读《水经注校·卷三》之记载，结合自己的初步实地调查，觉得这两个盐湖的地望位置，有进一步探讨之必要，因此，重写此文，再次提出自己的粗浅看法。

---

① 内蒙古《杭锦后旗志》。

②《中国历史地图集》，1975 年第 1 版，上海第 1 次印刷，中华地图学社出版，上海中华印刷厂印刷，新华书店上海发行所发行。

一、从"戎盐"之产地看"金连盐泽"与"青盐泽"的地理位置

"戎盐"是著名的盐类，史籍中多有记载。如果我们根据史籍之记载考知了"戎盐"的产地，我们就可以据此判断朔方县南部的"金连盐泽"与"青盐泽"之地理位置以及朔方县的位置。

"戎盐"：《本草经》①中记载："戎盐能明目，大盐，亦名胡盐。"《周礼·天官·盐人》②中记载："王之膳羞共饴盐。注：饴盐，盐之恬者，戎盐焉。"

明代著名药物学家李时珍的《本草纲目》③中详细引述了"戎盐"的有关记载，其中所引陶弘景的《名医别录》④记载："戎盐生胡盐山，及西羌北地，酒泉禄福城东南角。"这里记载了"戎盐"的好几个产地，没有记载朔方郡朔方县之名，其中所记的"西羌北地"正是指的上郡、北地郡地区。而这一地理范围内盛产食盐的地方，主要指的是今内蒙古鄂托克前旗、陕北定边县与宁夏盐池县相交之处的诸盐湖，这里正属于汉代"西羌北地"的范围。所以，从"戎盐"之产地来考察西汉朔方县南部的"金连盐泽"与"青盐泽"之地理位置，其地望位置不可能远到今内蒙古杭锦

①《本草经》，1987年11月第1版，1987年11月第1次印刷，上海科学技术出版社出版，新华书店上海发行所发行，上海中华印刷厂印刷。

②《周礼今注今译》58页。

③《本草纲目》，1977年5月第1版第1次印刷，1979年5月第1版第2次印刷，人民卫生出版社出版。

④《名医别录》，1986年6月第1版，1986年6月第1版第1次印刷，人民卫生出版社出版。

后旗黄河南岸地方，它的地望位置应在今内蒙古鄂托克前旗、宁夏盐池县、陕北定边县三省区交界之处。

二、从距离数字看"金连盐泽"与"青盐泽"之地理位置

《汉书·地理志·朔方郡》（1619 页）记载："……朔方，金连盐泽、青盐泽皆在南。莽曰武符。……"王国维《水经注校·卷三》（79 页）记载朔方郡朔方县时，引《魏土地记》记载曰："（朔方）县有大盐池，其盐大而青白，名曰青盐，又名戎盐，入药分，汉置典官，盐池去平地（平地疑作平城）宫千二百里，在新秦之中。服虔曰：新秦地名，在北方千里。如淳曰：长安以北，朔方以南也。薛瓒曰：秦逐匈奴，收河南地，徙民以实之，谓新秦也。屈南过五原西安阳县南。"

毫无疑问，这两段引文之内容，是我们考知"金连盐泽"与"青盐泽"的重要资料。认真分析研究这两段引文十分必要。

《汉书·地理志·朔方郡》记载"金连盐泽"与"青盐泽"在朔方县南部。这一记载很是具体，《魏土地记》记载"（朔方）县有大盐池，其盐大而青白，名曰青盐，又名戎盐，入药分，汉置典官，盐池去平地（平地疑作平城）宫千二百里，在新秦之中"[①]。

112

---

① 原文记载的"平地官"被考证为"平城宫"，并认为平城宫指的是北魏前期的都城——今山西大同城。笔者认为，"平城宫"之"宫"字，指的是建筑物，平城指的是城市名称，"平城宫"与"平城"并不相同。平城宫不一定指的是今山西大同城。另外：大盐池在新秦中，新秦中是一个泛指的地域名称，它的范围较大，大盐池在新秦中的何地记载不明确，由大盐池到山西大同千二百里，其距离数字也不明确，应该是个大约之数。

这则记载的大盐池在新秦中，没有说明在南部，不够具体。新秦中是个泛指的地域名称，它的面积很大，包括了汉代上郡与北地郡地区，以新秦中至平城宫千二百里计算，肯定不是实在的数字，它一定是个约数（可以不讨论）。如果我们知道了"新秦中"的地理方位，也可考证"金连盐泽"与"青盐泽"的地理位置。

三、从"新秦中"的地理方位看"金连盐泽"与"青盐泽"之位置

《魏土地记》记载大盐泽在"新秦中"。"新秦中"是秦和西汉时期出现的一个泛指的地区名称。新秦中，《史记》中凡三见，《汉书》中亦三见，《汉书·匈奴传》中之记载与《史记》中之记载基本相同。其记载如下：

1. "其秋，……于是汉已得昆邪，则陇西、北地、河西益少胡寇，徙关东贫民处所夺匈奴河南地新秦中以实之，（而）减北地以西戍卒半。……"《汉书·匈奴传》（3769 页）。此条引文中之"河南"，是"河南地"之省写。"河南地"即是秦与西汉初年对今内蒙古黄河南部地方的称谓。引文将"新秦中"与"河南地"并列相提，表明"新秦中"不是"河南地"的组成部分，它指的是"河南地"南部的上郡与北地郡地区。

2. "其明年，山东被水灾，民多饥乏，于是天子遣使虚郡国仓廪以振贫。犹不足，又募豪富人相假贷。尚不能相救，乃徙贫民于关以西，及充朔方以南新秦中，七十余万口，衣食皆仰给于县官。……"《汉书·食货志》（1162 页）。此条"及充朔方以南新秦

中"引文，说明"新秦中"之具体方位在朔方县之南部，朔方县之南部正是上郡与北地郡的范围。这也说明"新秦中"主要指的是上郡与北地郡地区。

3．"明年，……于是上北出萧关，从数万骑行猎新秦中，以勒边兵而归。新秦中或千里无亭缴，于是诛北地太守以下，而令民得畜边县，官假马母，三岁而归，及息什一，以除告缗，用充入新秦中。"《汉书·食货志》（1172页）。此条引文记载，汉武帝率领数万大军北出萧关，在新秦中狩猎，发现新秦中"千里无亭缴"，诛杀了失职的北地太守及其下属官员。这一记载更表明"新秦中"主要指的是北地郡及上郡地区。

研究上述三条引文，"新秦中"主要指的是上郡及北地郡地区，不是朔方郡地区。

对上述三条引文中之"新秦中"，《史记》《汉书》注家作了如下注释。

1．如淳曰：新秦中"在长安以北，朔方以南"。如淳释文，明确界定了新秦中之范围"在长安以北，朔方以南"，新秦中不包括朔方郡，主要指的是朔方郡朔方县南部的上郡及北地郡。

2．服虔曰：新秦中"地名，在北地，广六七百里，长安北，朔方县南。史记以为秦始皇遣蒙恬斥逐北胡，得肥饶地七百里，徙内郡人民皆往充实之，号曰新秦中"。"地名，在北方千里。"服虔释文，比如淳释文详细具体，分3句组成。第1句先说明新秦中是个地名，"在北地，广六七百里，长安北，朔方县南"。第2句记载蒙恬斥逐北胡，得肥饶地700里，说明了新秦中的范围。第3句指出新秦中在京城之北的1000里之处。总括3句句意，新秦中

史籍校勘与汉印研究

主要指的是上郡与北地郡地区——今陕北定边县、宁夏盐池县与内蒙古鄂托克前旗交界处的诸盐湖地区。新秦中在朔方县南，即表明"金连盐泽"与"青盐泽"也在朔方县南。

3.（薛）瓒曰："秦逐匈奴以收河南地，徙民以实之，谓之新秦。今以地空，故复徙民以实之。"薛瓒释文，共两句组成。第一句是说秦时遣徙移民而产生了新秦中地名，后一句简述了秦汉时期向"新秦中"迁徙移民的原因。

4.应劭曰："秦始皇遣蒙恬攘却匈奴，得其河南造阳之北千里地甚好，于是筑城郭徙民以实之，名曰新秦，四方杂错，奢俭不同，今俗名新富贵者为新秦，由是名也。"应劭释文记叙新秦中的范围较广，又记叙了新秦中的经济变化状况，认为"新秦中"是由新富贵者而得的地名。

分析四家"新秦中"释文，服虔与如淳释文，最合《史记》与《汉书》原文本义。

对北魏历史地理深有研究的郦道元，他在给《水经》作注时，记载西汉朔方县南部的"金连盐泽"与"青盐泽"方位时，引述了《魏土地记》的记载，为后人研究这一问题留存了十分珍贵的资料。郦道元引述《魏土地记》的记载之后，又引述了服虔（新秦中地名，在北方千里）、如淳（长安以北，朔方以南）、薛瓒（秦逐匈奴，收河南地，徙民以实之，谓新秦也）的释文。对于《史记》《汉书》中所引应劭的释文，却没有引用。郦道元的这种选择，是他的真知灼见，他的这种选择，从侧面突出了服虔、如淳、薛瓒对"新秦中"的解说是正确的。"新秦中"主要指的是京城之北1000余里处的上郡与北地郡地区，包括了今内蒙古鄂托克前旗、陕北定边县与宁夏盐池县相交处的诸盐湖地区。"新秦中"主要指的是朔方郡以南的上郡及北地郡地区。

　　研究"戎盐"之产地："金连盐泽"与"青盐泽"在今内蒙古鄂托克前旗、宁夏盐池县、陕北定边县三省区交界之处；研究"金连盐泽"与"青盐泽"与京城之间的距离数字："金连盐泽"与"青盐泽"也在今内蒙古鄂托克前旗、宁夏盐池县、陕北定边县三省区交界之处；研究"新秦中"之地望位置："金连盐泽"与"青盐泽"也在今内蒙古鄂托克前旗、宁夏盐池县、陕北定边县三省区交界之处。三者的相互一致，揭示了西汉时期朔方县之南的"金连盐泽"与"青盐泽"的地理位置，即在今内蒙古鄂托克前旗、陕北定边县与宁夏盐池县交界处的诸盐湖地区，它不可能远处在今内蒙古杭锦后旗地区。

四、从盐州的相关记载再看"金连盐泽"与"青盐泽"的地理位置

　　今内蒙古鄂托克前旗、宁夏盐池县、陕北定边县交界地区，隋唐时期，出现了一个著名的盐州政区。唐代著名诗人白居易《城盐州》一诗记述了盐州城营建的情况。唐代李吉甫的名著《元和郡县图志》卷四记载了盐州政区的更多内容。在这里，笔者试用唐代李吉甫《元和郡县图志》卷四中记载的有关距离数字，对今内蒙古鄂托克前旗、宁夏盐池县、陕北定边县交界处的诸盐湖方位再试论如下。

　　《元和郡县图志》（98—99 页）卷四"盐州"条目记载：盐州

管五原、白池二县，盐州城与五原县同置一城。"盐州，南至上都一千五十里"①。盐州管"盐池四所，一乌池，二白池，三细项池，四瓦窑池。乌、白二池出盐，今度支收菓，其瓦窑池、细项池并废。""白池县，南至州九十里。景龙三年敕置，以地近白池，因以为名。"

这两段记载是说盐州州城南至京城是 1050 里，白池县南至盐州城是 90 里，这两数相加，白池县南至京城是 1140 里，这一距离数字与"金连盐泽"与"青盐泽"距离京城 1000 余里的数字大致相等。现今计算，白池县向南至今陕北定边县城约 50 里，再向南 40 里之处（共 90 里之地），即唐代的盐州州址，约在今陕北定边县城之南 40 里处的沙城子地区②。

1979 年，笔者参与了盐池县地名普查工作，与县民政局局长赵南华等人共同考察了白池及东南处的白池县城城址，其城遗迹比较清楚，处在鄂托克前旗与盐池县相交之处，地面上散布着大量黑褐色陶瓷片，还在古城内捡到了唐代开元铜钱，又在古城外捡到了汉代钱币及骨贝币等钱币。

1982 年，笔者编修《盐池县志》期间，又曾带领许成等人考察了"白池"盐湖。蒙古族负责人员介绍，盐湖中曾发现过古代捞盐的工具，因干旱少雨，白盐池面积缩小了不少，但周围还有 50 多里。其后，盐池县民政局的工作人员还在古城旁边立了水泥标志。今属于内蒙古鄂托克前旗。

---

① 《元和郡县图志》卷四《盐州》条目（注 45）考证后的数字。
② 陈永中《朐衍·盐州·花马池考》，《宁夏大学学报》1984 年第 1 期。

盐州管辖着"乌池、白池、细项池、瓦窑池"等四所盐湖。这些盐湖附近分布有四五座古城遗迹,白盐池西部30余里处的张家场汉代古城最为著名(距南部盐池县城30多里)。考察了白池盐湖之后,又与他人考察了盐池县与定边县交界处的乌池、细项池、瓦窑池等盐湖,这些盐湖是一个盐湖群体,由北向南60余里,东西宽20余里。盐州管辖的北部"白池"盐湖,应该是汉代的"金连盐泽",其南部的乌池、细项池、瓦窑池等盐湖群体,应该是汉代的"青盐泽"。

　　如果"金连盐泽"与"青盐泽"在今内蒙古杭锦后旗内,这个地理位置约等于唐代的"丰州"治所。《元和郡县图志》卷四(112页)记载:"丰州,南至上都1800里。"这即是说"金连盐泽"与"青盐泽"南至汉代京城是1800里,这显然是不对的。由前面三项考证"金连盐泽"与"青盐泽"的地理位置,与《元和郡县图志》卷四盐州内容考证的结论完全一致,这即表明这两个盐泽不可能远处在今内蒙古杭锦后旗境内,只能是今内蒙古鄂托克前旗、宁夏盐池县、陕北定边县三省区交界处的诸盐湖。

五、杨守敬记载之辨误

　　《水经注疏》卷三引《魏土地记》之记载中,有杨守敬的如下记载:"守敬按:《元和志》与《魏土地记》同。又云胡洛盐池在长泽县北五百里,周回三十里,亦谓之独乐池,声相近也,汉置典盐官。《水道提纲》套中产盐,以喀喇莽尼为大,即古金连盐泽及青盐泽,唐时名胡乐盐池者。"

但是查阅《魏土地记》与《元和郡县图志》之记载，二书的记载并不相同。

1.《魏土地记》记载（朔方）县有大盐池，其盐大而青白，名曰青盐……在新秦中，而《元和郡县图志》卷四（100—101页）夏州内记载，朔方县"本汉旧县，今县理北什贲故城是也……什贲故城，在县理北，即汉朔方县之故城也（61注）。诗所谓'王命南仲，城彼朔方'是也。……自汉至今，常为关中根本。什贲之号，盖蕃语也。城西南有二盐池，大而青白。青者名曰青盐，一名戎盐，入药分也。"《魏土地记》记载的大盐池，是一个盐池的名字。《元和郡县图志》卷四（101页）记载的"自汉至今，常为关中根本。什贲之号，盖蕃语也。城西南有二盐池，大而青白。"其中记载的是两个盐湖的名字（即"金连盐泽"与"青盐泽"）。这表明《元和郡县图志》与《魏土地记》之记载并不相同。另外，《元和郡县图志》卷四记载夏州的朔方县"本汉旧县"是不对的，唐代的朔方县并不是汉代的朔方县①。

2. 唐李吉甫《元和郡县图志》卷四记载夏州朔方县内有：诗所谓"王命南仲，城彼朔方"诗句，此诗句是从《诗经·小雅·出车》中摘出的诗句。此诗是春秋早期，周宣王命南仲统率大军征伐猃狁，取得胜利后，庆祝胜利，表彰战功的作品。南仲征伐的地方，只能在西汉上郡、北地郡及由北地郡析出的安定郡地区。《元和郡县图志》卷四记载的"自汉至今，常为关中根本"，主要

---

① 《元和郡县图志》卷四朔方县122页（注59）。杨守敬前贤在《水经注疏》卷三，河水又"东南迳朔方县故城东北"经文之下的注疏中也认为"唐、宋之朔方县，与汉朔方县非一地"。

指的是上郡与北地郡及安定郡地区。

3. 杨守敬又云"胡落盐池，在长泽县北五百里，周回三十里，亦谓独乐池，声相近也，汉有盐官……即古金连盐泽，青盐泽。唐时名胡乐盐池者。"但是查阅《元和郡县图志》夏州长泽县之记载，胡乐池在长泽县北是 50 里，并不是 500 里，宋乐史《太平寰宇记》①也考证为 50 里。笔者信从 50 里之记载，500 里数字不可信。杨守敬又认为"古金连盐泽与青盐泽是唐代的胡洛池（独乐池）"。"周回三十里的胡洛盐池"在《元和郡县图志》②卷四中已指出"亦谓之独乐池至汉有盐官"，考证：地理志独乐属上郡，有盐官。按独乐在今米脂县北，与胡落池恐非一地。笔者认为胡乐盐池与独乐池并不完全相同。

《水经注疏》又记载"大盐池去平城宫千二百里"。按照杨守敬之记载，此池是胡乐池（独乐池）。胡乐池（即大盐池）记载在新秦中，新秦中是个地域宽广的地域名称，处在新秦中的大盐池（胡乐池）之方向位置不明确，这即表明胡乐池至平城宫是千二百里之数，也不明确。《水经注疏》记载的胡乐池地点不明，又记载它在新秦中，如以新秦中计算"千二百里至平城宫"的里数，也不是实在的里数，只能是个大约的里数，也有问题。

北魏立国（386—534 年）共 148 年。孝文帝太和十九年（495年）九月，将平城宫都城迁往东部的洛阳。郦道元出生于北魏孝文帝延兴二年（472 年），卒于孝明帝孝昌三年（527 年），活了 55

120

---

① 《太平寰宇记》，光绪八年五月，金陵书局刊行。
② 《元和郡县图志》卷四 123 页（注 66）。

岁。郦道元在平城建都期间只生活了 23 年，其中多数时间是在幼年及青年的学习时期；郦道元在迁都洛阳之后，生活了 32 年，他的事业、他的政绩、他在各地为官期间做的大量考察工作，他的《水经注》大著，他成为我国古代伟大历史地理学家的事业，都在这一时期。他为什么只记载新秦中的大盐池"至平城宫的距离数字是千二百里"，而不记载到洛阳的距离数字？新秦中是个泛指的地域名称，如果由新秦中计算到平城宫的距离数字，肯定是不确定的数字。

六、唐夏州塞外道路之解说

《新唐书·地理志》①第 4 册（1147—1148 页）中记载："夏州北渡乌水，经贺麟泽、拔利干泽，过沙，次内横刬、沃野泊、长泽、白城，百二十里至可朱浑水源。又经故阳城泽、横刬北门、突纥利泊、石子岭，百余里至阿颓泉。又经大非苦盐池，六十六里至贺兰驿。又经库也干泊、弥鹅泊、榆禄浑泊，百余里至地颓泽。又经步拙泉故城，八十八里渡乌那水，经胡洛盐池、纥伏干泉，四十八里度库结沙，一曰普纳沙，二十八里过横水，五十九里至十赍故城，又十里至宁远镇。又涉屯根水，五十里至安乐戍，戍在河西墙，其东墙有古大同城。今大同城故永济栅也。北经大泊，十七里至金河。又经故后魏沃野镇城，傍金河，过古长城，

①《新唐书》，1975 年 2 月第 1 版，1975 年 2 月上海第 1 次印刷，中华书局出版，新华书店上海发行所发行，上海中华印刷厂印刷。

九十二里至吐俱麟川。傍水行，经破落汗山、贺悦泉，百三十一里至步越多山。又东北二十里至缬特泉。又东六十里至贺人山，山西碛口有诘特犍泊。吐俱麟川水西有城，城东南经拔厥那山，二百三十里至帝割达城。又东北至诺真水汊。又东南百八十七里，经古可汗城至盐泽。又东南经乌咄谷，二百七里至古云中城。又西五十五里有绥远城。皆灵、夏以北蕃落所居。"

这段文字记载了唐代夏州通往北方羁縻州地区的道路。这条道路是唐代"贞元宰相贾耽考方域道里之数最详"的里数。这条道路总长度是 1566 里。其中出现了许多地名，水的地名有：泽、泊、泉、池、川；城的地名有长泽、白城、什贲故城，古云中城、绥远城；驿的地名有贺兰驿等等。有些名字反复出现了多次，有的地名还曾出现在《魏土地记》中及《水经注疏》中，这即表明这条道路是一条蜿蜒曲折的道路，其最后通往古云中城，又通往西 55 里处的绥远城。

古云中城，《汉书·地理志·云中郡》记载辖有 11 县，属并州刺史部，处在五原郡东部。他管辖着战国时期的赵国、中山国等国。《中国古今地名大辞典》[①]（967 页）记载：古云中城为战国赵国之地"在山西（省）河津县西北云中山上。云中山在今山西省忻县西北八十里。"这一记载说明"古云中城"大致在今山西省忻县西北地区，"又向西五十五里有绥远城"，这一绥远城据《中国古今地名大辞典》（1044 页）记载"绥远城"在归绥县东北。清时

---

①《中国古今地名大辞典》，1931 年 2 月初版，1933 年 5 月再版，商务印书馆发行。

设绥远理事同知。绥远城将军、归绥道同驻之。民国合绥远归化二城置归绥县。（参看归绥县条目）笔者查阅 1313 页归绥县条目，其记载如下："明嘉靖间为蒙古西土默特部长俺答驻牧。……民国初改并为归化县。寻又改名归绥。……十七年。民国政府改置绥远省。……又展长其线至包头镇（今包头市）。"这一记载说明这一羁縻道路到了西汉朔方郡的东北部地区。

七、从"泽"的历史内涵及变迁看"金连盐泽"与"青盐泽"

泽是古人对内陆较大水湖的称谓。先秦时期，我国境内到处都有泽的分布。《汉书·地理志》记载了秦与两汉时期，西北边郡的 7 个泽名。

武威郡：休屠泽在武威县东北。

张掖郡：居延泽在居延县东北。

敦煌郡：有蒲昌海，又称盐泽。

西河郡：武泽在谷罗县西北。

朔方郡：屠申泽在窳浑县东部。"金连盐泽"与"青盐泽"在朔方县之南。

北地郡：弋居县有盐官。

上郡：奢延县有奢延泽，龟兹，属国都尉治，有盐官。独乐县有盐官。

五原郡：有蒲泽县。

这些西北边郡的诸泽，归纳起来有四个特点。

1. 它们的面积都较大，面积大的泽又称为海。《汉书·地理志》记载这些泽的归属方位，绝大多数都用 ×× 泽在 × 县之 ××，最后用的方位词仅表明方位，并不能说明 ×× 泽一定在 ×× 县境之内。例如武威郡的休屠泽，记载的形式是：休屠泽在（武威）东北；居延泽在居延县东北；武泽在谷罗县西北……这种记载形式表明，这些泽很可能跨在两个县或者两个郡境之上。（古代边郡之间、县与县之间的分界并不十分严格。）

2. 上属诸泽，多是内陆水泽（只有屠申泽与黄河相通），它们受气候季节与年降雨量的影响，面积在历史时期经常发生变化，但是，不管怎样变化，后人总是能根据记载，寻找到它们的遗迹。例如侯仁之先生的历史地理实践活动中，就根据奢延泽与屠申泽的遗迹论述了有关问题[1]。

3. 历史时期的一些泽名常有变更，但是由于它的水域较大，又有记载的大约位置，不易完全消失，即使泽水干涸，也会留下泽的遗迹。因此，今人总能根据史书记载之方位，寻找到它的具体位置，厘清泽名变更承袭的关系。例如：罗布泊，《山海经》中称为幼泽，《史记》中称为盐泽，《汉书》中称为蒲昌海，魏晋至唐代的史籍中称为"牢兰海""辅日海""临海"，《大唐西域记》中称为"纳缚波"，《马可·波罗游记》中称为"罗不"，现代称为"罗布泊"。又如：休屠泽，先秦时期称为"猪野泽"，西汉时期称为"都野"，东汉时期称为"休屠泽"，北魏时期称为"猪野"，又称为

---

① 侯仁之《从红柳河上的古城废墟看毛乌素沙漠的变迁》，《文物》1973年第 1 期。

"凉泽"，宋代的《太平寰宇记》中称为"达狄迥海"，明清至今称为"鱼海子"等。

4. 由于泽本身具备着人们需用的丰富资源——水与食盐这一特点，泽的周围总会留下人类活动的较多遗迹，如聚落遗迹、古代城堡、交通道路等。也因为此，这些泽的周围，多发生过一些重要的历史事件。历史上的一些重大事件多与这些泽名有着联系。例如：

罗布泊，附近有汉代的楼兰古城遗址，张骞出使西域的交通道路经过这里，唐代的玄奘也曾在这里留下了他的足迹……近代的探险考察人员多次出入于此地，发现了珍贵的历史遗物。

居延泽，以出土汉简闻名于世，周围的汉城遗址至今仍然存在；北宋时期，西夏立国，在这里设置了黑山威福军司，这里出土的"西夏文书"是研究西夏历史的珍贵史料。

屠申泽，其西边的山上有鸡鹿塞汉代石城遗迹，还有通向西北地区（漠北）的交通古道。

奢延泽，又名奢延水，其北部有著名的统万古城。

上述四个特点说明，泽有着丰富的历史内涵。

但是，我们根据给泽归纳的这四个特点来考察与比照"金连盐泽"与"青盐泽"的有关情况，就会使我们产生一系列疑问。

1. 泽的面积较大，有着固定的位置，不易消失。为什么"金连盐泽"与"青盐泽"自魏晋之后不见史书记载？为什么这两个盐泽之名，仅有秦汉史书的历史记载？

2. 泽在不同历史时期，往往以不同的名称出现在史籍之中，今人可根据史书记载，排列出它们的承袭关系，这两个盐泽为什么没有这一特点？

3. 泽可为人们提供水与食盐，它的周围有着人类生存的良好环境与条件，它的周围必有营建的城堡，可能设置过政区。如果"金连盐泽"与"青盐泽"在今内蒙古杭锦旗黄河南岸地区，这里为什么在后代没有设置过重要政区、营建过重要的城堡？留下人类活动的丰富记忆？

2010 年 3 月 18 日、19 日两天，笔者与宁夏文史馆副馆长胡迅雷、李贤亮等同志前往内蒙古巴彦淖尔市地区调查一首清诗及唐碑的问题，到了内蒙古磴口县，向东行程数百里，没有见到两个盐湖群体。之后，在档案馆里调查了要调查的有关资料，又观看了博物馆的丰富文物（内有汉印数方），及巴彦淖尔市的地图，在这里没有看到两个盐湖群体的记载资料。参观考察了东部之后的第二天，又在当地文史作家李先生陪同下，向西行数百里，看了与黄河相通的屠申泽，看了两山并峙中的鸡鹿塞古道，看了山极的鸡鹿塞石城，攀登上鸡鹿塞石城，俯视了城下的鸡鹿塞古道及与黄河相通的屠申泽。原来鸡鹿塞古道是一条流水的水道，这条水道将阴山西北方的冰雪融水，流往了东部的屠申泽。由鸡鹿塞石城下来，行走在屠申泽旁边细软沙滩上，忘记了屠申泽散发出的冰冷寒气，在屠申泽旁边寻觅，捡到了半块带孔的汉残瓦，留为纪念。

4. 北魏太武帝拓跋焘下诏命刁雍由薄骨律镇（灵州）向沃野镇由旱路运去 50 万斛军粮。刁雍上书魏太武帝说，薄骨律镇到沃野镇 800 里，陆路"……道多深沙，轻车往来，犹以为难，……每涉深沙，必至滞陷。……"[1]刁雍所述的这条陆路即是经过汉代

---

① 《魏书·刁雍传》868 页。

朔方郡腹地的道路，这里没有写出有盐泽。这一疑问说明，"金连盐泽"与"青盐泽"的地理位置不可能远处在今内蒙古杭锦旗黄河南部地方，它应该在朔方县南部的上郡与北地郡地区。

八、从实地调查看鄂尔多斯台地西南缘"金连盐泽"与"青盐泽"之地理位置

泽是较大水域的自然地理实体，它有着长久的历史与丰富的内涵。它不会轻易消失。根据这一看法，我们只要把寻找"金连盐泽"与"青盐泽"的目光扩大到鄂尔多斯台地西南缘地区，再与有关历史记载相互印证，就会得出比较切合实际的结论。

《汉书·地理志》记载朔方郡、五原郡、上郡及北地郡四郡之内共有五个县出产食盐，它们分别是朔方郡：沃野；五原郡：成宜；上郡：龟兹、属国都尉治有盐官；独乐县，有盐官；北地郡：弋居有盐官。这五县都记载出产食盐，这即表明五县内都可能有盐泽。

上郡内记载"龟兹，属国都尉治。有盐官"。又记载"独乐县有盐官"。上郡的"龟兹，属国都尉治。有盐官"。据笔者考证，即是今日宁夏盐池县北部的张家场古城——西汉的上郡属国都尉城与东汉上郡的龟兹属国城①。今日这一古城东北方向存在着一个大盐湖。大盐湖今名"北大池"，隋唐时期名"白盐池"，秦汉时期应该是"金连盐泽"；古城南部 30 余里处的大盐湖群体今名"花马大池、苟池、细项池等"，隋唐时期名"乌池、细项池、瓦窑池

---

① 《陈永中盐池历史研究文集》265 页。

等"，秦汉时期应该是"青盐泽"。

《汉书·地理志》记载上郡有"独乐（县），有盐官"。其位置在今米脂县北。

盐泽是自然界的天然地理实体，自然界的地理实体是不会轻易消失的，如果我们在鄂尔多斯台地西南缘，由北向南，由西向东做一调查，分布盐湖最多的地方不在别处，就在内蒙古、宁夏、陕北三省区的交界之地，而且这一地区的主要盐湖恰恰是两个。北部的盐湖，属内蒙古鄂托克前旗，今名"北大池"。1982年，笔者编修《盐池县志》，曾前往该湖调查，盐场的蒙古族负责同志介绍北大池直径约9里，面积约65平方里，近年因干旱少雨，盐湖湖水已减少许多，晒盐须打井，湖面也小了，这里出产的食盐除了销往内蒙古鄂托克前后旗、乌审旗、伊金霍洛旗，还销往宁夏的一些地区；南部的盐湖是一个盐湖群体，最大的名叫花马大池，其次有苟池、莲花池、娃娃池等，这个盐湖群分布在南北狭长的地带，历史早期，它们应是一个大的盐湖整体。隋朝时期曾将设置在这里的盐州改名为盐川郡，盐川的"川"字也反映了这一地区的盐湖特点。明代著名大臣王琼巡视宁夏后卫（花马池今盐池县）等地，所著的《王琼集》①中，敏锐地指出这是一道盐川，有300里之大②。今日，盐湖群的总面积缩小了许多，但也存有50多平方里。

北大池与花马池盐湖群体，是今日鄂尔多斯台地西南缘两个最大的盐湖地理实体，除此之外，在鄂尔多斯台地西南缘的任何

①《王琼集》，单锦衍辑校，1991年10月第1版，1991年10月山西第1次印刷，山西人民出版社出版。

②《王琼集》58页。

地方，也找不到这样大的并存的两个盐湖地理实体。更重要的是这两个盐湖所处的地理位置与前面第一、第二、第三、第四节所论述的结论基本一致。因此，笔者认为这两个盐湖（体），应是西汉时期朔方县南部的"金连盐泽"与"青盐泽"。

北大池，南北朝时期名"白盐池"，隋唐至北宋西夏时期名"白池"，明清至今名"大池"，或"北大池"；"花马大池""苟池"等池，南北朝时期名"黑盐池"，隋唐至北宋西夏时期名"乌池"等池，明清至今名"花马大池"等。这两个盐湖群体，盐量丰富，质量好，远销各地，极受欢迎。唐代乌池出产的食盐是向朝廷进贡的贡品（李时珍《本草纲目》），宋夏时期，乌池食盐的收入是西夏的经济支柱，宋夏曾为乌池食盐的销售，发生过激烈的战争，更令人注目的是这两个盐湖四周分布着四五座古城遗址、遗迹，特别是汉代的遗址、遗迹，尤令人注目[1]。但是令人奇怪的是，这样著名的两个盐湖群体，它们的名称只能上溯到南北朝时期。因此，就出现了一个十分有趣的现象：《汉书》记载的鄂尔多斯台地西南缘的两个大盐泽——"金连盐泽"与"青盐泽"，南北朝之后不见记载；现在所见的鄂尔多斯台地西南缘的两个最大盐湖——北大池与花马大池、苟池等，南北朝之前不见记载。笔者以为，这种不见记载，正说明它们本是这一地区的两个盐湖群体，并不是四个盐湖群体。如果我们将南北朝之后不见记载的"金连盐泽""青盐泽"与南北朝之前不见记载的乌池、北大池、花马大池等的历史名称按历史先后顺序排列贯通起来，所产生的疑问也就不存在了。

----

① 即盐池县北部 30 余里处的张家场汉代古城。

鄂尔多斯台地西南缘两个大盐湖沿革简表

时代	汉代	南北朝	隋唐宋西夏	元明清至今
名称	金连盐泽	白盐池	白池	北池、大池、北大池
	青盐泽	黑盐池	乌池等	花马大池、苟池等

这张简表回答了鄂尔多斯台地西南缘两个盐湖的历史变迁承袭关系问题，也解释了朔方县南部金连盐泽与青盐泽的地理位置问题。即：

汉代朔方县之南的"金连盐泽"与"青盐泽"，并不在今内蒙古杭锦旗的黄河南部，它们的地理位置应在今内蒙古、宁夏、陕北交界之处。"金连盐泽"即是这一地区"北大池"的最早名称。"青盐泽"即是这一地区"花马大池、苟池"等盐湖的最早名称。

"金连盐泽"与"青盐泽"是秦汉时期朔方县南部的两个大盐泽，前辈学者多根据这两个盐泽之地理位置判断朔方县的县址。把朔方县址判定在今杭锦旗黄河南岸，来源于"金连盐泽"与"青盐泽"在今杭锦旗黄河南部之结论。笔者拙文认为，"金连盐泽"与"青盐泽"在今内蒙古、宁夏、陕北相交之地，朔方郡的朔方县之治所就要重新认识了。笔者认为，《汉书》记载"金连盐泽"与"青盐泽"在朔方县之南部，朔方县的治所应该在今宁夏盐池县北部、内蒙古鄂托克后旗北部地区（还要考古调查求证）。因此本文的副标题是《朔方县县址献疑之一》。

续　文

——朔方县县址献疑之二

北魏郦道元注《水经》，无论是黄河，或者是长江等水系，多由源头按顺时针方向开始记起，如记载黄河，先记载河源……又记载北地郡、朔方郡、五原郡、云中郡、定襄郡、西河郡、上郡……记载各郡丰富的内容之同时，还记载了各郡所辖各县的丰富内容，包括与黄河的处所关系等等。因为笔者主要研究汉代朔方县的问题，故将朔方郡所辖各县的情况按照《水经注》排列的顺序简录于下，以说明朔方县与"金连盐泽"及"青盐泽"的问题。

1.（河水）又北过朔方临戎县西……

2.（河水）又北径临戎县故城西……

3.河水又北，有枝渠东出，谓之铜口，东径沃野县故城南……

4.河水又北，屈而为南河出焉，河水又北迤西，溢于窳浑县故城东……

5.河水又屈而东流，为北河……东径高阙南……此段注文中记载了高阙得名的原因及雄伟气势，还记载了临河县名、河目县名。

6. 河水自临河县东径阳山南……注文中记载了河目县、北假、临戎故城、广牧县。

7. 河水又南径马阴山西。注文中记载了五原郡的安阳县的如下主要内容"……余按南河北河，及安阳县以南，悉沙阜耳，无他异山。故《广志》曰：朔方郡北移沙七所，而无山以拟之，是议志之僻也。"这段注文简述了与朔方县相连接的五原郡安阳县的地貌情况：朔方郡北部有沙七所，没有他山。杨守敬在《水经注疏》卷三"河水又东，径马阴山西"经文后的注疏文字中也记载："余按以下同郦氏实指河南无山。"

8. 河水又东南径朔方县故城东北。其注文记载了朔方县的如下内容：《诗》所谓城彼朔方也。汉元朔二年，大将军卫青取河南地为朔方郡，使校尉苏建筑朔方城，即此城也……屈南过五原西安阳县故城北。

对于这段"经文"与"注疏"文字，明清以来的郦学研究大家，多有贡献，多有发明。杨守敬认为朔方县"经文"之下记载下的"《诗》所谓城彼朔方"，出自《诗经·小雅·出车》，为读者了解此诗的内容提供了方便。但笔者研究《出车》此诗，此诗是周宣王时期，任命南仲统率大军征伐西戎狁戎，取得辉煌战果后，营建的城郭。此时还没有建立秦汉帝国，也没有设置朔方郡与朔方县，周宣王的大军也没有扩展到朔方郡地区，扩展到的地方是狁戎（西戎）地区的"新秦中"地区，即今陕北、甘肃部分地区及宁夏南部地区。《汉书·地理志·朔方郡》朔方县下没有记载《出车》诗文，而是记载的"金连盐泽、青盐泽皆在（朔方县）南"。因此，此诗文不能说明朔方县故城就在黄河东南处。将朔方县城标注在黄河南岸边，还需要再研究、再求证。

《水经注疏》记载了黄河与朔方县故城的方位关系后，又记载了其东部的"河水自朔方东转，径渠搜县故城北"。这句经文句式与"河水又东南径朔方县故城东北"经文句式相同。释文中记载"渠搜县故城"是朔方郡的"中部都尉治所"，这即说明"渠搜县"处在朔方郡的中部地区，它不会处在北部的黄河南岸岸边。朔方县的记载与渠搜县的记载基本相同，以此推论，朔方县故城也不会处在黄河南岸岸边，它应该距离黄河也有一段距离，它的位置大致在今内蒙古杭锦旗西南地区。这一结论可在《元和郡县图志》卷四校勘 122 页，"59"注文中得出"汉（朔方）县应在今内蒙古杭锦旗西南"地区，这正与笔者得出的结论相一致，即今鄂尔多斯后旗北部一带。这一地区的南部是上郡地区，正分布着"金连盐泽"与"青盐泽"。即今盐池县北部的"北大池"盐湖与南部、定边县相交处的"苟池、花马大池等盐湖群体"。也是"龟兹，属国都尉治"的地方①。

《汉书·地理志·朔方郡》记载有东部都尉治广牧、中部都尉治渠搜、西部都尉治窳浑，共三个都尉治所。《水经注疏》卷三中将"中部都尉治渠搜"，误笔为"东部都尉治渠搜"，令人费解。

另外，周宣王还曾任命尹吉甫大将率领大军出征狁戎、至大（音泰）原地区，营建城治，指的即今宁夏南部固原地区。（见固原市地区志书记载）

---

① 即盐池县北部 30 余里处的张家场汉代古城。

附　记

《出车》一诗的第三章：

　　　　王命南仲，往城于方，

　　　　出车彭彭，旌旒央央，

　　　　天子命我，城彼朔方，

　　　　赫赫南仲，猃戎于襄。

《汉书》与《两汉纪上册》
校勘二则，断句一则

徐自为，又名徐息，是汉武帝时期的军事人才，因为战功显赫，逐渐升为了光禄勋高官。

—

《汉书·武帝纪第六》（201 页）记载："（太初）三年春正月，……遣光禄勋徐自为筑五原（郡）塞外列城，西北至卢朐，游击将军韩说将兵屯之。……"

同一记载，又见于《汉书·匈奴传上》（3776 页）中，其记载为："……太初三年也。……汉使光禄徐自为出五原（郡）塞数百里，远者千里，筑城障列亭至卢朐……"

这两处之记载，《武帝纪第六》中记载为"光禄勋"，《匈奴传上》中记载为"光禄"。"光禄勋"与"光禄"的意思并不相同。这一差异，校勘记中却没有指出。"光禄勋"是汉武帝直接授给徐自为的官名，记载在《武帝纪第六》中，所处的地位重要且具体；"光禄"记载于《匈奴传上》中，所处的地位不够具体，其重要性与"光禄勋"所处的地位，无法相比。因此，《武帝纪第六》中记载的"光禄勋"为对，《匈奴传上》中记载的"光禄"为误。

二

《两汉纪》上册《孝武皇帝五卷第十四》（243页）记载："三年春正月……遣光禄大夫徐息筑五原（郡）塞，外列城，西北到卢朐山……"此段记载的徐息为"光禄大夫"。这与《武帝纪第六》中的"光禄勋"不同，也与《匈奴传上》中的记载不同。

"光禄大夫"的地位，远比"光禄勋"的地位低。又因为班固《汉书》成书在前，荀悦《两汉纪上册·汉纪》成书在后，是在《汉书》的基础上编著的编年史，因此，应以《武帝纪第六》中记载的"光禄勋"为是。

另外："五原（郡）塞，外列城"句，不应该用逗号断开，应断句为"五原（郡）塞外列城"。

《两汉纪》下册《后汉纪》校勘一则

《后汉纪·孝和皇帝纪上卷第十三》（262 页）记载："……明帝初，人有上书言（班）固私改史记者，诏收固京兆狱，悉敛家书封上。……固弟（班）超（恐固）为郡所诬，乃诣阙上书，具陈固著述意，会郡亦封上固书。天子甚奇，征诣校书部，除兰台令史，……帝乃复使成前书，自永平始，研精积思二十余年，至建初中，其书乃成。世甚重其书，学者靡不讽诵焉。自为郎后，遂见亲近，……然位不过郎。……"

这段文字先记载班固被封为"校书部"，之后两次记载班固为"校书郎"，因此，笔者认为"校书部"之"部"字，应为"郎"字之误，"校书部"应为"校书郎"。

笔者查阅《后汉书·班彪传上》（1344 页）有相同的记载，其（1353—1354 页）校勘记载，按："'校书部'疑当作'校书郎'。御览五一五引正作'校书郎'，又班超传云：'兄固，被召诣校书郎'。"这也证明《后汉纪》记载的"校书部"应为"校书郎"。

史籍校勘与汉印研究

"送女乐二十八人予戎王"之辨误
——试说乘法歌诀在文艺作品中的作用与意义

　　《宁夏古代历史纪年》① 二节《商—战国》第 15 词条（7 页）记载："公元前 626 年（乙未，秦穆公三十四年）戎王派由余出使秦，秦穆公给戎王女乐人 28 名，戎王终日娱乐于声色之中。由余返回后，数谏戎王，戎王不听，荒于政事，由余奔秦。秦穆公采用由余计谋，灭西戎八国，扩地千里，今宁夏部分地区纳入秦的版图，但义渠戎国仍未被秦所兼并，他们筑城以自守。"（受钟侃先生这一记载影响，《宁夏通史》中也记载为"送戎王女乐 28 人"。）

　　这一记载，来源于《史记·秦本纪》中。《秦本纪》（193 页）的原文为"……而后令内史廖以女乐二八遗戎王。戎王受而说之，终年不还。于是秦乃归由余。由余数谏不听，缪公又数使人间要由余，由余遂去降秦。……"

　　笔者认为《宁夏古代历史纪年》将《秦本纪》中记载的"女乐二八"解说为"女乐 28 人"，这是不对的。"女乐二八"是

　　①《宁夏古代历史纪年》钟侃编著。按年代先后，以年、月为系记述宁夏地区自远古至 1840 年间发生的重要历史事件。宁夏人民出版社出版，1988 年 7 月第 1 版，1988 年 7 月第 1 次印刷。

2×8=16，即女乐应是"16人"，并不是28人。这个"16人"数，是使用了乘法歌诀得来的。另外，秦穆公给戎王"女乐二八"，在刘向《说苑》卷二十中又记载为"女乐三九"，此"三九"也不是39人，而是27人，即3×9=27人，也是使用的乘法歌诀。秦汉时期记载二十八，应书写为"廿八"，记载三十九，应书写为"卅九"，书写为"二八"或"三九"即是使用的乘法歌诀表述法。

　　钟侃先生的《宁夏古代历史纪年》撰成于编修地方志书的热潮初期，对编修宁夏地方志书起到了参考作用。笔者编修《盐池县志》与《灵武市志》的工作期间，参考了先生的大著。与先生交往、相处的过程中，向先生问学，学到了文物考古方面的有关知识。先生乐于助人，谦虚待人，诚实做人的态度，给笔者留下了美好难忘的记忆。用乘法歌诀表述一些特定人数或者是年龄数字，古籍中鲜有记载，遇到这种记载，稍一疏忽，即忽视了它的真实含义，就出现了失误。钟侃先生的这一失误，即因此而来。鉴于钟侃先生《宁夏古代历史纪年》大著产生的广泛影响，也鉴于乘法歌诀这一表述法在古代文艺作品与戏剧演出中的广泛使用，笔者指出钟先生偶然失误之同时，也对古代史籍及文艺作品中使用乘法歌诀的现象作了一些探讨，于是撰写了此文。

一

　　《史记·秦本记》记载的"女乐二八"，是用乘法歌诀表述人数的典型事例，但又不是唯一的事例。类似的事例还可举出许多。

　　例1：《汉书·卷五十一·温舒传》（2372页）记载："温舒从

祖父受历数天文，以为汉厄三七之间，上封事以豫戒。……"（注释一）张宴曰："三七二百一十岁也。自汉初至哀帝元年二百一年也，至平帝崩二百十一年。"温舒的记载与张宴的注释是说"三七之间"的时间是210年。这里使用的即是乘法歌诀表述法（30×7=210年）。如果将"三七之间"认为是37年即大错特错了。

例2：《汉书·卷八十五·谷永传》（3468页）记载谷永为北地太守后向汉成帝上书中言："……陛下承八世之功业，当阳数之标季，涉三七之节纪，遭无妄之卦运，直百六之灾厄。……"（注释三）孟康曰："至平帝乃三七二百一十岁之厄，今已涉向其节纪。"《谷永传》记载的"三七之节"，孟康注释为汉高祖刘邦至汉平帝八代之间的年岁是二百一十岁。此210岁即是乘法歌诀——30×7=210年。

例3：《后汉书·卷一上》（21页）记载："行至鄗，光武先在长安时同舍生疆华自关中奉赤伏符，曰'刘秀发兵捕不道，四夷云集龙斗野，四七之际火为主'。……"这段引文中记载的"四七之际"用的也是乘法歌诀，即4×7=28年，是说刘秀28年起兵，如果理解为47年，即违背了《后汉书·光武帝纪第一上》（21页）的记载。

例4：《后汉书·张衡传》（1912页）记载："……且河洛、六艺，篇录已定，后人皮傅，无所容篡。……"（1913页注释七）：衡集上事云："河洛五九，六艺四九，谓八十一篇也。……"释文中的"五九"是5×9=45；"四九"是4×9=36，记录的总篇数是45+36=81篇。这里用的也是乘法歌诀表述法。如果认为"河洛五九"是"59"，"六艺四九"是"49"，加起来的总篇数不可能是

81篇了。

例5：《后汉书·卷五十九·张衡传》（1914页）"思玄赋"有文句曰："……幸二八之遥虞兮，喜傅说之生殷；尚前良之遗风兮，恫后辰而无及。……"此赋句中的"二八"是指古时的八元、八恺贤人，共是16人，不是28人，也是使用的乘法歌诀。

例6：《后汉书·志第七》（3165—3166页）记载："……河图赤伏符曰：刘秀发兵捕不道，四夷云集龙斗野，四七之际火为主。……以匹庶受命中兴，年二十八载兴兵……"这一记载中的"四七之际"，不是47，而是4×7=28，是谓刘秀28年起兵。使用的也是乘法歌诀表述法。

例7：《魏书·卷九十一》收载了张渊的《现象赋》，该赋（1946—1947页）中有"……论道纳言，各有攸司。将相次序以卫守，九卿珠连而内侍。天街分中外之境，四七列九土之异。……"这几句赋文中的"四七"，也使用的是乘法歌诀表述法，即4×7=28。指的是天宇中的"二十八星宿"，如果理解为"47"，即大错而特错了。上述数例是史籍中的记载。

例8：《艺文类聚卷第一·天部·月·诗》①（8页）记载："宋鲍照玩月诗"曰："蛾眉蔽珠栊，玉钩隔琐窗，三五二八时，千里与君同，夜移衡汉落，徘徊帷幌中。"这里记载的"三五二八时"即描写此月的十五日与十六日夜晚赏月的情景。这里也是使用的乘

---

①《艺文类聚》是欧阳询、令狐德棻等十余人奉诏编撰的一部综合性类书，该书是中国现存最早的一部完整的官修类书，它保存了中国唐代以前丰富的文献资料，尤其是许多诗文歌赋等文学作品。汪绍楹校。上海古籍出版社出版，1965年11月第1版，1982年1月新1版，1982年1月第1次印刷。

法歌诀表述法。

其 9 页 8 行至 10 行记载：梁刘孝"林下吟月诗"曰："明明三五月，垂影当高树。攒柯半玉蟾，裛叶彰金兔。"这里记载的"三五月"即是此月的十五日，使用的也是乘法歌诀表述法。

其 9 页末行记载：隋江总"赋得三五明月满"诗曰："三五兔辉成，浮云冷复轻……"此句中的"三五"即是指八月十五，也是使用的乘法歌诀表述法。

其 10 页 3 行宋谢灵运"怨晓月赋"曰："卧洞房兮当何悦，灭华烛兮弄晓月。昨三五兮既满，今二八兮将缺……"此句中的"三五"是此月中的十五日，此句中的"二八"是指此月中的十六日。使用的也是乘法歌诀表述法。

例 9：《艺文类聚卷十八·人部二·美妇人》（329 页）梁王僧孺陈南康新纳诗曰"二八人如花，三五月如镜。开廉一种色，还将两相映。"这首诗中的"二八"是说美妇人的年龄为 16 岁；"三五"是说月中的第十五日。也是使用的乘法歌诀表示法。

例 10：《艺文类聚卷二十六·人部·言志·赋》（470 页）魏陈王曹植"玄畅赋"曰："夫富者非财也，贵者非宝也，或有轻爵录而重荣声者，或有受性命以殉功名者……侥余生之幸禄，遘九二之嘉祥……"此赋中之"九二"即是 9×2=18，并不是 92。使用的也是乘法歌诀表述法。

其 479 页倒 3 行记载："秦筝发微，二八迭奏，埙箫激于华屋，灵鼓动于坐左。"其中的"二八"即是 16，并不是 28。使用的也是乘法歌诀表述法。

其 487—488 页记载梁孝王"月半夜泊鹊尾"诗曰："客行三五

夜，息棹隐中州，月光随浪动，山影逐波流"。其中的"三五夜"即是此月的十五日之夜，不可能是此月的三十五日之夜。以上数例是赋诗中的记载。

二

用乘法歌诀表述时间或者年龄数字，不只出现在两汉、魏晋南北朝、隋唐时期的赋或诗文中，也出现在元、明、清时期的剧本戏曲中。

例1：《永遇乐》①"落日熔金……中州盛日，闺门多暇，记得偏重三五。"此"三五"为月中之第15日。使用的也是乘法歌诀。

例2：《白兔记》②第二出（十盆鼓）唱腔中刘妻唱道："奴奴生的如花貌，言语又波俏，丈夫叫做廿一郎，奴奴唤做三七嫂，方才房中补衣又补袄。（小生）大嫂快来。忽听老公叫，慌忙便来到。"这段唱词中的刘妻自报家门，称自己是"三七嫂"，这"三七"是说她自己是21岁，并不是37岁。这里使用的也是乘法歌诀表述法。

例3：《昙花记》③第三十二出（啄木儿）唱腔"人堪绐、天可瞒、不乘旌旗九锡坛。已做了王莽吞刘，兀自比文王佐汉。如花

---

①《永遇乐》，宋李清照。这首词是李清照晚年避难江南时的作品，写她在一次元宵节时的感受。

②《白兔记》又称《刘知远白兔记》，明代无名氏编著的戏曲，写刘知远与李三娘悲欢离合的故事。

③《昙花记》，明屠隆编著的小说作品。

二八红妆选，如流四海黄金辇，到如今落得凄风伴冷烟。"这一唱词中的"二八红妆"即 16 岁少女，也是用乘法歌诀方式表述人物的年龄。

例 4：明人杨珽编著的《龙膏记》①第二十九出偿缘（末扮院子上）道白："铁关金锁彻明开，碧落摇光霁后来，唤上紫微三五夕，王孙仙女下仙台。"其中的"三五夕"是一月中间月亮最圆的日子——十五日之晚。也是使用的乘法歌诀表述法。

例 5：《聊斋志异》②"镂刻物情，曲尽世态，冥会幽探，思入风云"。卷一《瞳人语》一中（4 页）记叙长安一书生清明时节出外郊游，见一小车内坐着芙蓉城七郎子之新妇"容貌绝美，红妆艳丽"。记叙她的年龄时，不直接写出她的年龄是 16 岁，而写为"内坐二八女郎"，这里也是使用的乘法歌诀表述法。

《画皮》一文（48 页）中记叙太原王生早晨出行，"遇一女郎，抱襆独奔，甚艰于步"，记叙这位女子年龄时不写她 16 岁，而写为"二八姝丽"，这里也是使用的乘法歌诀表述法。

卷四《晚霞》一文（644 页）中记叙一蒋姓儿童阿端参加五月五日龙盘比赛堕水死后，在龙宫中见到了一些美丽女子，描写这些女子年龄时，不直书为 16 岁，而写为"二八姝丽"。

《邵九娘》一文（376 页）中描述邵九娘 16 岁的年龄时，不直书 16 岁，而书为"二八女郎"。

《小翠》一文（428 页）中记叙虞氏小翠 16 岁年龄时，也使用

---

①《龙膏记》，明代杨珽编著的戏曲。
②《聊斋志异》（简称《聊斋》）是中国清代小说家蒲松龄创作的短篇小说集。

了乘法歌诀表述法，书为"年二八矣"。

《阿英》一文（395页）中记叙庐陵人甘玉为其弟谋划婚事，结果其父饲养的鹦鹉化为美女阿英与其弟结为了夫妇。曲折动人的故事中，阿英说："无人不可转移，但质美者易为力耳。遂遍相诸婢，惟一黑丑者，有宜男相。乃唤与洗濯，已而以浓粉杂药末涂之。如是三日，面赤见黄；四七日，脂泽沁入肌理，居然可观。"这一描述的"四七日"，即是阿英用28天的时间将黑丑女变为了黑美女。使用的也是乘法歌诀描述法。蒲松龄的《聊斋志异》产生了广泛的影响，许多学者文人，为它留下了墨宝，留下了诗作。

大文豪郭沫若为蒲松龄《聊斋志异》撰书的楹联："写鬼写妖高人一等，刺贪刺虐入骨三分。"可谓是对《聊斋志异》的上上赞评。

蒲松龄笔下的16岁美女，或是人、或是鬼、或是妖，用乘法歌诀表述之，显得含蓄、显得幽默、显得诙谐、显得富有情趣，因之加深了对所言美女、美鬼、美妖形象之记忆，及对背后故事的遐想。

三

《红楼梦》[①]第七十六回"凸碧堂品笛感凄清，凹晶馆联诗悲寂寞"，（993—994页）记叙林黛玉与史湘云七月十五日晚在凹晶馆

---

①《红楼梦》，原名《石头记》，是中国古代章回体长篇小说，中国古典四大名著之首。其通行本共120回，一般认为前80回是清代作家曹雪芹所著，后40回作者为无名氏，由高鹗、程伟元整理。

对诗的情景，林黛玉先吟"三五中秋夕"，史湘云对曰"清流拟上元。撒天箕斗灿"。"三五中秋夕"即是 $3 \times 5=15$，即是七月十五日，谁也不会理解为 35 日，这里使用的也是乘法歌诀表述法。人民文学出版社出版的《红楼梦》一书，写的是"三五中秋夕"，《红楼梦电影》中林黛玉吟的是"三五中秋月"。"月"字直白、通俗，符合现代人的认知水平与习俗，改得好；《红楼梦》书中林黛玉吟的是"夕"字，契合了吟诗时的具体时间气氛，更符合林黛玉的传统文化身份，"夕"字也用得好。

文学作品中，或者是戏剧表演的唱词、道白中，用乘法歌诀表述某些特定人物的年龄数字，比直接说出这些特定人物的年龄数字，显得含蓄、幽默、富有情趣，因而会加深对戏剧人物的了解，会增强戏剧演出的效果。我国古代的数学很是发达，《九章算术》[①]中已出现了乘法歌诀，已使用了乘法歌诀。乘法歌诀在民间的使用也有长久的历史。道教中的宗教人物：阴阳、巫师、神汉、神婆或者是死者的家属，计算祭祀之时间，常用"头期""二期""五期""七期"解说，头期即是死后第 7 天，二期即是死后第 14 天，五期即是死后第 35 天，七期即是死后第 49 天。这里也是使用的乘法歌诀表述法。道教在宗教活动中使用乘法歌诀，表明乘法歌诀与道教文化有着一定关系。

一个具体的年龄数字，一个具体的时间数字，在文艺戏剧作品中，用不同的词语表达，或记述之，或吟诵之，或歌唱之，这

---

① 《九章算术》，数学书。《算经十书》中最重要的一种。作者不详。西汉早期数学家张苍、耿寿昌等对它进行过增补删订，三国曹魏时期刘徽为其进行注释，作为通行本。

要比单一直白的词语表述，显得新鲜、活泼、含蓄、幽默、富有情趣：而新鲜、活泼、含蓄、幽默、富有情趣，自然会使人们对所述人物产生深刻难忘的印象，因而激发出丰富强烈的欲望与遐想，使人们对所表述的事件、引起特别的兴趣，使人们对所表述人物背后的故事、引起特别的注意。因此会达到良好的艺术效果。这可能是文艺作品或戏剧演出中使用乘法歌诀表述一些特定人物年龄数字的原因。

（原载于 2020 年第 1 期《宁夏文史》总第 46 期）

《中国历史地图集》标注指误二则

——再考西汉上郡属国都尉城与东汉龟兹属国城 ①

笔者阅读、学习《汉书》《后汉书》，经常参考谭其骧先生主编的《中国历史地图集》。该书二册"西汉历史地图"中，将上郡的龟兹（县）与属国都尉治共同标注在今陕北榆林北部地区。在"东汉历史地图"中，又将龟兹（县）与属国都尉（治）共同标注在西汉"龟兹县"与"属国都尉（治）"的地方——今陕北榆林北部地区 ②。

笔者认为这两处标注有问题，很值得研究。

一、西汉上郡龟兹县与属国都尉治不是同一政区，不是同一城郭

《汉书·地理志·上郡》（1617 页）记载："……龟兹，属国都

---

① 2016 年《宁夏文史》第 1 期与第 2 期中刊发了本人《从所见封泥等实物判断盐池县张家场古城之名称》《从所见实物再证盐池县张家场古城之名称》二文。因此本文称为"再考"。

②《中国历史地图集》第二册，1975 年中华地图学社第 1 版，也见于 1996 年中国地图出版社第 3 次印刷版。

尉治。有盐官。……"北魏郦道元《水经注》卷三记载龟兹县城在黄河支流奢延水流经的地区。《水经注》只记载了龟兹县城的方位处所，没有记载属国都尉治。历来的历史地理学者与《汉书》研究学者，多根据《水经注》的这一记载认为龟兹县与属国都尉治是同一政区，同一城郭，其城郭在今陕北榆林北部地区。谭其骧先生主编的《中国历史地图集》二册"西汉历史地图"中也承袭延续了这一观点，将龟兹（县）与属国都尉（治）共同标注在了今陕北榆林北部地区。

《汉书·地理志·上郡》内记载了龟兹（县），又在其下记载了属国都尉治，又记载了"有盐官"。笔者认为属国都尉"治"的这个"治"字，是城址、城郭的意思，它指的是属国都尉城郭，不是指龟兹县城郭。也即是说西汉朝廷为安置由西域归附而来的龟兹国人，在上郡设置了属国都尉政区，营建了属国都尉城郭，同时也在黄河支流奢延水附近设置了龟兹县政区，并营建了龟兹县城郭。属国都尉治是一政区，龟兹县也是一政区，二者并不是同一城郭、同一政区。

笔者这一大胆的推论与观点，可在《后汉书》中找到有力的证据。

1.《后汉书·郡国五》（3524 页）记载："上郡秦置。十城，……肤施、白土、漆垣、奢延、雕阴、桢林、定阳、高奴、龟兹属国、侯官。"《郡国五》记载的上郡十城中有龟兹属国，没有龟兹县，表明东汉时期的龟兹县已被省废。十城中记载了龟兹属国，说明东汉时期上郡的龟兹属国，承袭延续了西汉的属国都尉城（政区），也说明属国都尉治之"治"字是城郭的意思。

史籍校勘与汉印研究

《后汉书·郡国五》没有记载上郡内有龟兹县，表明龟兹县已被省废，《中国历史地图集》的"东汉历史地图"中没有必要再标出西汉的龟兹县；西汉的属国都尉治已易名为龟兹属国，"东汉历史地图"中应该标出"龟兹属国"之名称，不应该再标出西汉的"属国都尉"之名称。

2.《后汉书·百官五》（3619页）记载："……其属国都尉。属国，分郡离远县置之，如郡差小，置本郡名。……"这一记载的意思是说属国或属国都尉是与郡治分开设置的政区，且设置在与所属之县城距离较远的地方。其规格比郡较小，但使用着郡的名称。

3.《后汉书·百官五》（3621页）中又记载："……每属国置都尉一人，比二千石，丞一人。……武帝又置三辅都尉各一人，讥出入。边郡置农都尉，主屯田殖谷。又置属国都尉，主蛮夷降者。中兴建武六年，省诸郡都尉，并职太守，无都试之役。省关都尉，唯边郡往往置都尉及属国都尉，稍有分县，治民比郡。……"这段文字先记叙了汉武帝即位初年设置农都尉与属国都尉的情况，又记叙了东汉光武帝刘秀建武六年（30年），省并郡县、精简机构的情况——省去了一些郡的都尉、关都尉，一些郡也进行了合并，只有边郡地区设置的都尉与属国都尉保留了下来，与其所属之县分开设置，但其管理民众的情况与郡的情况相似，说明属国都尉的地位颇为重要。

《后汉书·百官五》的这两段记载，同样说明了笔者前面的推论与观点。

4.西汉朝廷为安置与管理由西域归附而来的龟兹国人设置两

个政区，营建两个城郭的情况，不仅见于笔者的上述研究与分析。也见于著名历史学者与考古学者陈直先生的《居延汉简研究》之中。陈直先生的大著《居延汉简研究》第七节《张掖太守与农都尉及属国都尉的关系》（34 页）中记载："汉代少数民族归义者，皆聚居一城或数城，统有属国都尉管理。东汉时在张掖、犍为等郡之外，居归义之人民，另划为张掖属国、犍为属国等，仍置属国都尉管理（见《后汉书·郡国志》）。"陈直先生的这一论述是说，西汉朝廷为归附而来的边地少数民族设置的城郭，可能是一座城，也可能是数座城（这一论述自然包括了归来的龟兹国人），这些为安置归义边地少数民族（包括龟兹国人）所设置的一城或数座城均有属国都尉管理。陈直先生的这一观点正是研究了《后汉书·郡国志》及《后汉书·百官五》等相关记载，而得出的精彩论述。

龟兹县的最高官员或为令，或为长，其俸禄在千石以下；属国都尉官员的俸禄为"比二千石"，属国都尉官员的地位明显高于龟兹县令、长的地位。属国都尉官员承担的责任要比龟兹县令、长的责任重大，属国都尉官员应该是龟兹县令、长的上级官员，为属国都尉官员设置的政区城郭，应该比龟兹县令、长的政区与城郭为大。陈直先生说"汉代少数民族归义者，皆聚居一城或数城，统由属国都尉管理"。这句话的意思是说：归义的少数民族，聚居的可能是一城，也可能是数座城，他们都属属国都尉官员管理。这说明龟兹属国都尉不但管理着他驻守的城郭与政区，还管理着龟兹县令、长的城郭与政区。西汉朝廷为安置由西域归附而来的龟兹国人，在距离（上郡）郡址较远的地方设置属国都尉政区、营建属国都尉城郭，同时也在黄河支流奢延水流经的地区设置龟兹县政区，并营建龟兹县城，应该是考虑了属国都尉政区的特殊地位与特殊原因，同时也照顾了归附而来的西域龟兹国人的习俗习性。因此，《中国历史地图集》二册"西汉历史地图"中将龟兹（县）与属国都尉（治）共同标注在同一地方是不妥的，是需要改正的。

二、属国都尉城（政区）与龟兹属国城（政区）是特殊的行政政区

西汉时期，为安置归附而来的边地匈奴等部族，在北部边郡地区设置了约 7 个属国或属国都尉政区。东汉时期，在北部边郡等地设置了约 11 个属国或属国都尉政区。这些属国或属国都尉政区，多安置的是由河西走廊地区归附而来的匈奴等部族，如河西走廊的"昆邪王杀休屠王，并将其众降汉，凡四万余人"。汉朝在北部边地设五属国安置之。这些匈奴部族，处在汉朝北部边地，与汉朝距离较近、与汉朝早有交往，关系比较密切。西汉上郡属国都尉城与东汉上郡龟兹属国城，则与此不同，它安置的不是由汉朝边地归附而来的少数民族部族。它安置的是由西域地区归附而来的龟兹国人。龟兹国是西域诸国中最重要的国家，它是汉武帝时期，张骞第二次出使西域后至汉昭帝、汉宣帝时期，始与相交，又发生密切关系的国家。两汉朝廷为安置归附而来的西域龟兹国人设置的属国都尉城与龟兹属国城，是汉帝国为发展、加强与西域诸国友好关系，而设置的唯一与西域地区相联系的特殊行政政区。为归附的龟兹国人在上郡地区设置属国都尉政区与龟兹

史籍校勘与汉印研究

属国政区（城郭），不但加强了汉帝国与龟兹国人的交往与联系，也加强了汉帝国与其他西域国家的交往与联系。这种交往与联系也使丝绸之路更加安全，更加具有活力，同时也削减了匈奴对西域诸国的袭扰与侵占，增强了汉帝国对西域的治理与管理。可以认为，为安置与管理由西域归附而来的龟兹国人，两汉朝廷在上郡设置的属国都尉政区与龟兹属国政区、城郭，是颇为特殊、最为重要，又最有意义的行政政区（城郭）。它的设置体现了汉武帝的意图。它的功用、意义超过了其他属国都尉政区（城郭）。

东汉时期，精简机构，部分郡县进行了合并。安置归附边地少数部族的属国与属国都尉治也发生了变化，有的省废了属国，保留了属国都尉治，如上郡即省废了龟兹县，保留了属国都尉治；有的省废了属国都尉治，保留了属国，如《后汉书·郡国五》记载西河郡内有属国，没有记载属国都尉治，说明东汉时期西河郡内省废了属国都尉治，保留了属国。

东汉时期，安置管理由西域归附而来的龟兹国人之重任，主要由龟兹属国官员担任，这表明东汉时期，龟兹属国官员承担的责任比西汉时期属国都尉官员承担的责任更加重大，东汉龟兹属国城之地位应当更加重要。

如此重要的属国都尉城与龟兹属国城，虽然《汉书》《后汉书》中没有留下专门的记载，但在其后的史书中却留下了痕迹，或者是史家的真知灼见。如此重要的属国都尉城与龟兹属国城，它应该留有古城遗迹，它应该留存有一些特殊的文物。如此重要的属国都尉城与龟兹属国城，应该认真对待，认真探讨研究。为此，笔者不揣浅陋，根据前贤的论述，结合自己实地考察所得的一些资料，试对属国都尉城与龟兹属国城之城治问题，再做如下一些探讨研究。

三、顾祖禹的卓识——宁夏盐池县北部张家场古城是西汉属国都尉城与东汉龟兹属国城

《汉书·地理志·上郡》内记载了龟兹县，又记载了属国都尉治，还记载了"有盐官"。有盐官肯定有盐湖，如果阅读到了这个盐湖的相关记载，或者实地考察中判断出这个盐湖的方位处所，如果发现盐湖附近又有汉代古城遗迹及丰富的遗物，即可以此为据，再结合其他证据，判断此城可能是西汉属国都尉城与东汉龟兹属国城。

《后汉书·西羌传》（2893 页）记载汉顺帝永建四年（129 年），尚书仆射虞诩向皇帝上书中言："……禹贡雍州之域，厥田惟上。且沃野千里，谷稼殷积，又有龟兹盐池以为民利。……"这一记载中的"龟兹"与"盐池"连在一起，组成了一个十分重要的词组——"龟兹盐池"。这一重要词组，引起了明清之际文史大家顾祖禹的高度重视，顾祖禹通过认真考证，得出了令人信服的结论。

顾祖禹认为虞诩所言的雍州"龟兹盐池"，即是《汉书·地理志·上郡》"龟兹，属国都尉治"后面记载的"有盐官"的盐湖。他在《读史方舆纪要》①卷 62《陕西·宁夏镇·宁夏后卫》中专门列

---

① 本人使用的《读史方舆纪要》为上海棋盘街文瑞楼印行本。标点为笔者所加。

了一项"龟兹城"条目，指出东汉虞诩所言的雍州"龟兹盐池"，即明代宁夏镇后卫——"花马池"（即今宁夏盐池县东北）的诸盐湖，他确认了"龟兹盐池"的方位处所后，即认为西汉的属国都尉城与东汉的龟兹属国城在今宁夏盐池县——明宁夏镇后卫（今盐池县）的诸盐湖附近。顾祖禹这一卓越、超前的见解，为我们寻找、决定西汉属国都尉城与东汉龟兹属国城指明了方向，划定了范围，定明了处所。

顾祖禹"龟兹城"条目的原文如下：龟兹城"在（宁夏后）卫东北，汉县，属上郡。颜师古曰龟兹读邱慈。时龟兹国人来降附者处之于此因名。亦为上郡属国都尉治，有盐官。后汉曰龟兹属国。永寿初，南匈奴别部叛寇美稷，东羌复应之，安定属国都尉张奂勒兵出长城，遣将王卫招诱东羌因据龟兹县，使南匈奴不得与东羌交通是也。又《西羌传》雍州有龟兹盐池为民利，即今大小两盐池矣。晋废，后魏主焘太延五年伐姑臧，自云中济河至上郡属国城，即故龟兹城也。"

顾祖禹虽然没有引用《后汉书·百官五》中的珍贵记载，也没有区分龟兹县与属国都尉治之异同，但他通过引用的大量历史记载指出《后汉书·西羌传》中虞诩所言的雍州"龟兹盐池"，即指今宁夏盐池县东北地区（即明代宁夏后卫）的诸盐湖，同时又指出西汉上郡属国都尉城与东汉龟兹属国城在今盐池县境内（明代宁夏镇之后卫）的盐湖附近。这即为我们研究、确知上郡属国都尉城与龟兹属国城，做好了前期的准备工作。

今宁夏盐池县与陕北定边县及内蒙古鄂托克前旗三省区交界之地，由北向南分布有北大池（唐代的白盐池）、苟池与花马大池

（唐代的乌池）、细项池、瓦窑池、波罗池等盐湖，这些盐湖历史悠久。这些盐湖附近有三四座古城遗迹，最出名的古城遗迹即张家场汉代古城①。

张家场古城，不但发现过数量众多的汉代钱币②，还发现过带有铭文的方砖、钱范、瓦当、大型板瓦等物。近20多年间，银川文化市场上常有售卖的来源于张家场古城的骨钱、骨印、"骨筒"以及封泥等物。笔者曾在盐池县任教近30年，参与过地名普查、划界工作，考察过张家场古城，又编修了《盐池县志》。1986年调往灵武县编修《灵武市志》，1996年退休定居于银川市。2000年左右，银川文化市场上出售的来源于张家场古城的封泥引起了笔者的注意。笔者陆续购获了来源于张家场的百数枚封泥③，其中的龟兹丞印封泥最多，还有龟兹县宰印、龟兹令印封泥等等（如后附图）。这些带有龟兹文字的封泥发现于张家场古城，说明张家场古城与上郡属国都尉政区及龟兹属国政区的关系非同寻常、极为密切。再加上前面的诸条根据理由，张家场古城应该是顾祖禹认为的西汉属国都尉城与东汉龟兹属国城。盐池县北部张家场古城附近的地区，应是西汉上郡属国都尉城与东汉龟兹属国城管辖的行政政区。因此，西汉的属国都尉城与东汉的龟兹属国城，应该将

① 陈永中《昫衍·盐州·花马池考》，《宁夏大学学报》1984年第1期。
② 陈永中《宁夏盐池县古城三次成批出土西汉铜钱》，《考古与文物》1981年第4期。张志超、赵培祥《中国宁夏发现象牙雕刻骨钱》。新加坡《亚洲钱币》2000年第2期。其他略。
③ 多数封泥由陈海峰的店铺中购换而来。对这些封泥的研究与说明，笔者有另文。

其共同标注在今宁夏回族自治区盐池县北部的张家场古城之上。

四、书有"上郡都尉府"的陶罐证明了张家场古城的名称

近 20 多年间，银川市文化市场上出现了张家场古城的骨钱、"骨简"、骨印、封泥、陶罐等物，而且骨简较多。骨简的出现，引起了社会的颇大反响。原《吴忠日报》总编、文史学者杨森翔先生走访了半藏阁主人赵培祥的店铺，观看了其中的"骨简"及来源于张家场古城的带有墨书"上郡都尉府"的五字陶罐，并在 2008 年 3 月份的《吴忠日报》上发表了《盐池县张家场骨简——一个值得研究的课题》，评论了骨简发现的意义，介绍了书有"上郡都尉府"的陶罐，吁请文博部门的专家学者进行研究。2008 年 5 月 6 日《光明日报》也发表了庄电一先生的《宁夏骨简期待权威鉴定》。该文评论了"骨简"之后，也简介了书有"上郡都尉府"的五字陶罐，并拍摄刊发了照片。之后，《宁夏日报》等多家媒体进行了讨论，论者多评论的是骨简之真伪问题，对于陶罐，没有评论。时隔 7 年，2015 年夏季，笔者也在半藏阁中观看到了主人珍藏的书有"上郡都尉府"的五字陶罐，主人为我拍摄了数张照片（如图），供我研究使用。经测量，此陶罐口径 15 厘米，高 15 厘米，腹周长 69 厘米。口沿周边分布有三角形纹饰。笔者认为赵培祥先生珍藏的这个陶罐十分重要，其陶罐上墨书的"上郡都尉府"五字，不但有书法研究的价值，还有证史的作用。这个陶罐应该是解开张家场古城名称的一把钥匙。

　　"上郡都尉府"的上郡：郡名，郡治肤施。都尉：武职职官名称。府：官府、官邸。"上郡都尉府"即西汉"上郡属国都尉府"官邸的省称。书有"上郡都尉府"的陶罐应该是上郡属国都尉官邸中使用的器物。张家场古城内发现有上郡属国都尉府中使用的陶器实物，说明张家场古城内必然建筑有属国都尉府官邸，这即证明张家场古城应该是西汉上郡的属国都尉城与东汉的龟兹属国城，这也再次说明张家场古城不是西汉的北地郡昫衍县城[1]。这也证明顾祖禹在《读史方舆纪要·龟兹城》条目中的论述是正确的、精辟的、超前的。

---

　　[1] 本人发表于 1981 年第 4 期《考古与文物》上的《宁夏盐池县古城三次成批出土西汉铜钱》一文末尾记载："这座古城很可能就是北地郡属下的昫衍县旧址。"之后又在 1984 年第 1 期《宁夏大学学报》《昫衍·盐州·花马池考》中认为"就目前资料来看，只能作大致推测，还不能肯定昫衍县址的具体位置"。但是，由于本人先发表文章的影响，也由于他人的坚持认为，张家场古城是昫衍县之观点，频繁地出现在了我区的有关书籍、地图甚至是考古文章中。

五、余　论

　　《汉书·地理志》及郦道元《水经注》记载，西汉时期在上郡内设置了龟兹县，东汉时期的龟兹县已被省废。《中国历史地图集》的"东汉历史地图"中又标出龟兹县，又在原龟兹县之地标出属国都尉（治）。笔者起初查看"东汉历史地图"，发现了这一常识性的失误，很觉奇怪，很难理解。近日拜读谭其骧先生高足、著名历史地理学者邹逸麟先生《口述历史·恩师谭其骧》（上海书店出版社 116 页），始了解了《中国历史地图集》在"文革"特殊年代编辑过程中的一些特殊情况，始了解了这一常识性失误的原因。那个特殊年代已过去了 40 多年，邹先生在《恩师谭其骧》的记叙中表达了希望重新修订《中国历史地图集》的愿望，笔者以为邹先生的这一愿望是功在国家，利在学术界的大好事情。谭其骧先生主编的《中国历史地图集》问世以来，服务了国家的需要，惠及了学术界的研究工作。改革开放以来，全国各地兴起编修地方志书的热潮，人们在使用《中国历史地图集》之同时，也对《中国历史地图集》中的某些地名提出了不同看法，现在重修《中国历史地图集》，吸收各地的研究成果，可使《中国历史地图集》更加完美、更加完善。因此，现在重修《中国历史地图集》，可谓是正当其时。盼望着重新启动这一重要工程，也盼望新修订的《中国历史地图集》早日问世。

　　（原载于 2018 年第 1 期《宁夏文史》总第 38 期）

附：张家场古城发现的部分封泥照片

图 1 上郡太守章

图 2 上郡太守章

图 3 上郡长印

图 4 上郡丞印

图 5 龟兹县宰印

图 6 龟兹县宰印

图 7 龟兹县宰印

图 8 神郡令印

图 9 龟兹令印

图 10 龟兹令印　　　　　　　图 11　　　　　　　　　　图 12

图 13　　　　　　　　　　图 14　　　　　　　　　　图 15

图 16　　　　　　　　　　图 17　　　　　　　　　　图 18

图 19　　　　　　　　　　图 20　　　　　　　　　　图 21

图 11—21 为稍残的龟兹丞印

图 22 共 8 枚、为残损严重的龟兹丞印封泥

图 23 □□左尉

图 24 神郡太守章

图 25 神郡尉印

图 26 神郡丞印

图 27 少府丞印

图 28 平都令印

图 29 □□长史

图 30 □□军印

图 31 军司马印

图 32 平昌侯相

图 33 昌邑令印

图 34 高平狱丞　　　　　　图 35 昌邑丞印　　　　　　图 36 伏波将军章

图 37 偏将军章　　　　　　图 38 上骑司马　　　　　　图 39 武猛校尉

图 40 武猛都尉　　　　　　图 41 舞阴长印　　　　　　图 42 口口钱丞

图 43 口陵令印　　　　　　图 44 部曲将印　　　　　　图 45 董喜

图 46 焦万印

图 47 周昌之印

图 48 张口私印

图 49 戴园府

图 50 肖像印

图 51 猴形肖像印

图 52 司马利印

图 53 日万陶印

图 54 龟兹带押五铢

史籍校勘与汉印研究

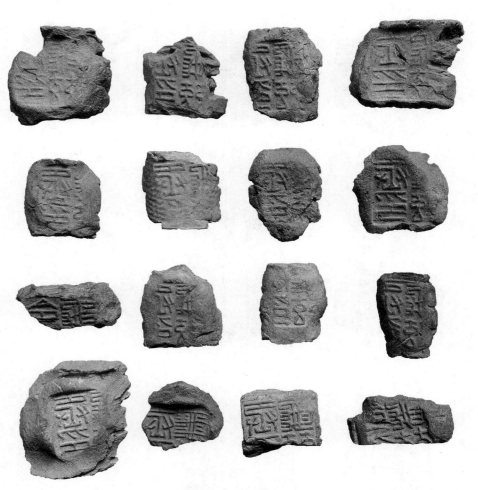

图 55 龟兹等残封泥印

（封泥照片为文史馆工作人员李健锋拍摄）

《汉书·百官公卿表上》校勘一则

——兼断句一例

《汉书·百官公卿表上》（735页）记载："典属国，秦官，掌蛮夷降者。武帝元狩三年昆邪王降，复增属国，置都尉、丞、侯、千人。属官，九译令。成帝河平元年省并大鸿胪。"

这段文字中记载的"千人"，是属国内地位较低的官员称号。"属国"《史记·卫将军骠骑列传第五十一》（2934页）记载"属国"。正义曰："以降之民徙置五郡，各依本国之俗而属于汉，故言'属国'也。"师古曰："凡言属国者，存其国号而属于汉朝，故曰属国"。属国的官员为何称为"千人"？殊难理解。笔者怀疑"千人"，可能是笔误，也可能另有别解。

《汉书·匈奴传上》（3751页）记载。

"匈奴谓天为'撑犁'，谓子为'孤涂'，单于者，广大之貌也，言其象天单于然也。置左右贤王，左右谷蠡，左右大将，左右大都尉，左右大当户，左右骨都侯。……凡二十四长，立号曰'万骑'。……诸二十四长，亦各自置千长、百长、什长、禅小王、相、都尉、当户、且渠之属。"这则记载中的"千长"也是官员的称号。

由《汉书·匈奴传上》中记载的"千长"看,《汉书·百官公卿表上》中记载的"千人",可能是"千长"之笔误。类似的例子还可以举出一例:

《汉书·匈奴传上》(3783 页),记载:"……属国千长义渠王骑士射杀犁汙王,赐黄金二百斤,马二百匹,因封为犁汙(应该是'汙'字,下同。笔者在有关文章中考证'犁汙'应是'犁汙')王。属国都尉郭忠封成安侯。……"这段文字中记载的属国"千长",是居住在张掖属国的官职称号,据此可知《汉书·百官公卿表上》中的"千人"官职称号是错误的。

另外,此句中的"千长"是属国内的官员称号,不是义渠王的官员称号。他的地位虽然较低,却排在了前面。因此,此句应断句为:"属国千长,义渠王、骑士,射杀犁汙王。"所以将义渠王封为了犁汙王。此事发生在汉昭帝始元五年期间。

再,《后汉书·郡国五》(3521 页)记载有《张掖属国》与《张掖居延属国》两节文字。《张掖属国》记载:"张掖属国:武帝置属国都尉,以主蛮夷降者。安帝时,别领五城。户四千六百五十六,口万六千九百五十二。侯官、左骑、千人、司马官、千人官。"

笔者认为:"安帝时,别领五城"即指"侯官、左骑、千人、司马官、千人官"五城之名称,它不是官职的称号。它与《汉书·匈奴传上》的记载不相同,与《汉书·百官公卿表上》记载的意思也不相同。

廉 县

——银川城市的记忆往事

宁夏回族自治区首府银川市，西汉时期设县，名廉县，为北地郡 19 县之一。西汉晚期，王莽当政，大改郡县地名，廉县改名为"西河亭"。东汉建立，省并郡县，北地郡保留 6 县，廉县是其中之一，历史有 400 多年。廉县是银川建城最早的政区名称。廉县之后，历经三国、魏晋南北朝、隋唐五代、元明清、民国，数次易名，之后称为银川。历史脉络，始终未断。

古城遗迹

《汉书·地理志·北地郡》（1616 页）记载："……卑移山在（廉县）西北。……"卑移山是贺兰山，廉县在贺兰山东南。贺兰山东南今银川市贺兰县暖泉农场地区，发现有古人类使用的石器工具，还发现了一座古城遗迹，古城遗迹附近的地面上散布有汉代陶器残片及汉代钱币等物，附近还有百十座汉代墓葬。这些遗迹、遗物说明，先秦时期，此地即有人类居住活动。经专家证实，此处的古城即是汉代廉县古城。

先秦时期，廉县为西戎之地。廉县的居民，以射猎、畜牧为生，使用着石器、骨器等工具，处在氏族社会晚期。他们的利器是弓弩，弓弩既可以射猎野物，又可以对敌作战。

《汉书·地理志卷二十八》记载，包括廉县在内的北地郡"皆迫近戎狄，修习战备，高上气力，以射猎为先"。意思是说廉县等地靠近北部的戎狄部族，因此，廉县人民重视习练武艺，崇尚勇力，认为具有熟练的射箭本领是他们的头等大事。

秦始皇统一全国称帝后，废分封、设郡县、固政权、扩边境。命将军蒙恬发兵 30 万北击胡人，略取"河南地"，筑长城、修驰道，沿黄河设 44 县，城河上为塞。廉县黄河东部（今陶乐镇）设置浑怀障，之南（今吴忠市西南）设置富平县。又向所设之县施行移民，迁来大批触犯秦朝法律的中原人口，又徙天下丁男于北河。廉县东部与南部地区，迁来了大批中原农耕人口，带来了中原的农耕文化，包括廉县在内的以射猎、畜牧为主的宁夏平原，增添了农业耕作的因素，宁夏平原的生产方式开始了较大变化。

西汉汉惠帝四年（前 191 年），宁夏平原上设立了灵州县。汉武帝继位初年（前 140—前 138 年），在北部边郡设置农都尉，屯田植谷、发展生产。宁夏青铜峡附近设置了"上河农都尉"，派驻的农都尉官员有班况与冯参等人。班况与冯参是《汉书》中仅见的农都尉官员名字。上河农都尉的设置，促进了宁夏平原生产方式的更快转变，宁夏平原原来的射猎、畜牧生产方式转变为畜牧、农耕、射猎三者并重的生产方式；上河农都尉的设置，促进了宁夏平原农业、水利建设的更快发展，也为增加设置廉县与灵武县创造了条件。廉县应当设置于上河农都尉设置不久之后。东汉建立后，省并郡县，宁夏平原上省去了灵武县，设置了弋居县①，出现了丁奚城，宁夏平原的富平县成了北地郡郡治，提升了宁夏平原的政治、军事、经济地位。处于北地郡北部的廉县之地位也更加重要，因此，廉县人仍然注重习练武艺，仍然崇尚勇力，仍然以为掌握娴熟的射箭本领为首要大事。史籍中留下的蛛丝马迹说明了这一问题。

《后汉书·乌桓鲜卑传》（2994页）记载："（汉灵帝）光和中（178—183年），檀石槐死，时年四十五，子和连代立。和连才力不及父，亦数为寇抄，性贪淫，断法不平，众叛者半。后出攻北地，廉人善弩射者射中和连，即死。……"

这一记载说明，东汉晚期，廉县人曾参与了保卫北地郡的战争，并在与鲜卑人的战争中，以善射的本领射杀了鲜卑族的首领和连，取得了大胜，立了战功。这也说明银川的先民——廉县人，崇尚勇力，敢于战斗，具有擅长使用弓弩的本领。

廉县汉城

古代设县建城要有一定的条件，首要条件是良好的自然地理环境。一是要有可供人类生存的水源水流，二是要有颇为丰富的物产，三是要有与外地相通的道路。具备了这三项条件，才有可能成为设县建城之地。这样的设县建城之地，最初可能是居民点，或者是村落。这样的地方，一旦被选为设县建城之地，即会营建城

①《后汉书·郡国五》没有记载弋居县的具体位置。但记载弋居县有铁。今宁夏平原中宁县地曾发现了秦汉时期的冶铁遗址，因此笔者将弋居县写在了宁夏平原之内。

郭，驻守官员，出现相应的政府机构，从而成为一方的政治、经济、文化中心。这样的政治、经济、文化中心，因良好的自然地理环境与地理条件而生存、而发展、而定其位置、而延长其生命。

坐落于暖泉农场的廉县汉城，处于贺兰山东麓洪积扇与黄河冲积平原的交界地带，它的西面正对着贺兰山的最高山峰——巍峨的"敖包圪塔"，此地得贺兰山泄下之洪水，又得黄河泛滥之水，地表由西向东倾斜，多纵向沟壑、池塘；地下，水源、水量充足，水质甘美。因此，植被茂盛，适宜多种动植物生长生存，也是人类活动、居住的良好之地。在科学不发达的古代，巍巍贺兰山是把双刃剑，它可以阻挡西北寒风的侵袭；它可以将东南风带来的云雨阻挡在贺兰山东麓上空，形成农作物需要的及时雨，它也可以将阻挡的云雨转变为祸害农业的狂风暴雨，给农民带来灾难；它更可以将本身承接的大雨形成山洪，泄向廉县之地，造成水患，破坏廉县居民的房舍田地。

"雨肉"奇观

《后汉书·孝桓帝纪第七》（293—294 页）的一则记载反映了廉县特殊雨情的灾害情况，原文如下："三年春三月甲申，……六月庚子，……乙卯，震宪陵寝屋。秋七月庚申，廉县雨肉。……"这一记载中的"廉县雨肉"是说廉县下了携带羊肉肉块的奇特大雨。奇特大雨携带的羊肉肉块，必然来源于地面牧羊人的羊群，能将牧羊人的羊只撕成碎块，带上天空，又抛向大地，只能是特大暴风或龙卷风所为。"廉县雨肉"之记载，说明历史时期的廉县是狂风暴雨或龙卷风频发的地区。

《后汉书·五行志二》（3302 页）中也以较多的文字记载了廉县所下奇特大雨的情况，原文如下："桓帝建和三年（149 年）秋七月，北地廉雨肉似羊肋，或大如手。近赤祥也。是时梁太后摄政，兄梁冀专权，枉诛汉良臣故太尉李固、杜乔，天下冤之。其后梁氏诛灭。"北地廉：北地郡廉县。雨肉：携带肉块的大雨。北地廉雨肉似羊肋，或大如手：北地郡廉县下的暴雨中带有羊肋条与手掌大的羊肉肉块。赤：指大雨中携带的血红色羊肉块；赤祥：是说血红色羊肉块是吉祥之物；近赤祥也：是说这些"天降吉祥之物"将要兑现、将要验证在枉杀良臣李固、杜乔——梁太后之兄梁冀的身上。果然不久，专权的梁冀即被诛灭了。

对于廉县所下奇特大雨的情况，《两汉纪》下册《后汉纪》也记载："四月丁卯晦，雨肉大如手。"

略去以天灾预言人世祸福的图谶观念，上引三处记载从侧面反映了历史时期廉县地区自然灾害发生的严重情况。

考虑到贺兰山山洪灾害的威胁，考虑到廉县与南部灵武、灵州，东部浑怀障的交通距离关系，历史选择了廉县东南约 30 里处——今银川城地，设置了新的城郭，出现了新的名称。银川城市坐落在更适宜建城、更适宜居住、更适宜发展的地方。银川城市承接了廉县的历史，承接了上河农都尉的历史，承接了饮汗城的历史，承接了灵州的历史，承接了兴庆府的历史，承接了宁夏镇的历史……显示了旺盛的生命力，创造了辉煌的地域文化，在祖国大家庭的舞台上扮演了重要的角色。银川城市因此成为祖国西北地区的历史文化名城。

青铜峡金沙湾 "中华黄河坛"

——词语证说三则

约在 2008 年，宁夏回族自治区政府经过研究、调查，决定在青铜峡金沙湾建造一座 "中华黄河坛"，是坛建成之后，于 2011 年 5 月 8 日在青铜峡金沙湾举行了 "感恩母亲河，中华黄河坛" 的落成大典。2011 年 6 月，宁夏文史馆组织 30 余名馆员与研究员，前往参观金沙湾旅游区的 "中华黄河坛"。宏大的建筑规模，独具匠心的布局设计，丰富多彩的历史文化元素，表明母亲河——黄河的宽广胸怀及其为华夏儿女作出的伟大贡献，更彰显了母亲河——黄河施恩于宁夏人民的历史功绩，给参观者留下了深刻的印象，使参观者流连忘返。

"中华黄河坛" 铜作的大门上部、背部均刻有文字、图画、人物。图文并茂，图有数十百幅；文字有数百万，有关的经典文字，尽录其中。笔者看到了精彩生动的图画，阅读了黄河的丰富记载，对于黄河的历史有了更多的了解，对于黄河所起的伟大作用有了更深入的认识。因为参观之前，馆领导曾嘱咐：参观时如发现有什么问题，有什么意见，请反映上来。因此将笔者发现的三则不同见解呈上，供参考。

第一则是黄河的名称问题。山东大学田海林教授撰写的《黄河五千年》骈文，开始记载："黄河之名，首见于司马迁所著《史记·河渠书》，此乃中国第一部水利史……西晋公绥《大河赋》：'览百川之宏状，莫尚美于黄河。'"

笔者认为黄河的名称首见于司马迁《史记·河渠书》是失误的记载。《史记·河渠书》记载了黄河等河流的历史及渠道等问题，但它并没有记载黄河的名称。黄河之名称首见于《汉书·高惠高后文功臣表》（527 页）中，其中记载：封爵之誓曰："……使黄河如带，泰山若厉，国以永存，爱及苗裔。……"还见于《后汉书·虞诩传》中。《后汉书·虞诩传》（1867 页）中，记载虞诩被任命为朝歌长后，前往赴任，赴任前拜谒了他的上司——河内郡太守马棱，马棱鼓励了虞诩之后，虞诩对马棱说："……朝歌者，韩、魏之郊，背太行，临黄河，去敖仓百里，而青、冀之人流亡万数。贼不知开仓招众，劫库兵，守城皋，断天下右臂，此不足忧也。……"这是黄河名称的第二次记载。

笔者曾撰有《黄河名称试论》一文，摘录了上述引文及其他处的引文，研究了黄河的名称问题。该文刊登在 1991 年《宁夏文史》第九辑中。

第二则，著者又记载：西晋公绥《大河赋》"览百川之宏状，莫尚美于黄河"。著者的这一引文，也是黄河名称的较早记载，笔者认为：《晋书》中的《成公绥传》记载公绥，为成公绥，字子安，东郡白马人，是西晋著名的辞赋家，其中收载了他的《天地赋》《啸赋》，没有收载《大河赋》，著者记载为《大河赋》为误记。

《大河赋》出自《艺文类聚·第八卷水部上》中。（上海古籍出版社 1982 年第 1 版第 1 册 156 页）。赋文共四句：“览百川之弘壮，莫尚美于黄河，发昆仑之峻极，出积石之嵯峨。”前面《大河赋》的“宏状”，在《艺文类聚》中为“宏壮”，意思相近，但不完全相同，“宏壮”有强大、强盛的意思，“宏状”主要表述的是黄河的形态，笔者以为“宏壮”较好。

第三则，将《水经注》中有关宁夏的记载，由南向北，用小篆字体刻制在汉白玉柱子上面，所刻《水经注》的第一条经文为：“秦治北部都尉治县城。”笔者认为此句中的“北部都尉”应该刊刻为“北地都尉”。

《水经注》版本甚多，此句中之“北部都尉”，有书为“北部”者，有书为“北地”者，一些前辈郦学大家曾经对“北部”与“北地”，进行过认真的讨论研究（见《合校水经注》《水经注疏》），讨论的结果“北地都尉”为是。1984 年上海人民出版社出版的王国维《水经注校》本中亦记载的是“北地都尉”（全句为：“河水又北过北地（都尉）富平县西”），因此，“北部都尉”改刻为“北地都尉”为好。

田海林教授撰写的五千余言的《黄河五千年》大著，以优美的文笔，记叙了黄河悠长丰富的历史，以及它对我国历史的伟大贡献及其产生的重大影响。大著中蕴含的黄河之情，释放的黄河之义，启迪着、感染着每位参观者、来访者，笔者拜读后，获得了黄河的丰富知识，了解了黄河文化的重要意义及作用，深受教益。

"火醋裂石"

——宁夏地方志书中的珍贵记载

石工艺人在坚硬的山崖石壁上开凿的洞穴及其在洞穴之内的杰作，以及他们雕刻的那些精美的建筑构件与石质物象，其中的一部分或因战祸，或因天灾，消失在历史的长河之中；其中的一部分或因处在特殊的地方，或因特殊原因被保存了下来，成为永传后世的艺术珍宝。霍去病墓前的石雕群像，气势恢宏的云冈石窟及窟中的佛像，唐太宗的昭陵六骏，历代众多的石质碑刻，难以统计的石狮与门墩，家家户户的石灯、石磨、石碾，已渗入了我们民族的生活中、血液里。可以说，一部人类生活的发展史，即使用石质材料，加工石质材料的历史。

我国古代的石工艺人，既能在坚硬的石崖石壁上开凿出洞穴，打凿出隧道，还能将源于深山中的坚硬岩石破解开来，运送出去，并将它们切割、凿刻、琢磨成人们需要的多种什物物件，并赋予它们新的生命。除了他们具有的异乎寻常的毅力与辛劳之外，他们还使用了符合现代科学原理的方法与技术。

一、《后汉书》与《续汉书》的记载

古人在坚硬的石崖石壁上实施工程，先用火烧石崖石壁，使岩石瞬间提高温度而膨胀，再用水浇火烧过的石崖石壁，使因高温而膨胀的岩石骤然降低温度而冷缩。经过多次反复，坚硬的岩石温度骤然提高，突然降低，使岩石疏松，使岩石产生缝隙，从而达到易于施工的目的。这种利用热胀冷缩原理破解岩石施工难题的方法，体现了我国石工艺人的聪明才智，这种方法除了在石工艺人中世代相传之外，史籍中也早有记载。

《后汉书·虞诩传》（1869页）中记载："先是运道艰险，舟车不通，驴马负载，僦五致一。诩乃自将吏士，案行川谷，自沮至下辩数十里中，皆烧石剪木，开漕船道，以人僦直雇借庸者，于是水运通利，岁省四千余万。……"

《续汉书》曰："下辩东三十余里有峡，中当泉水，生大石，障塞水流，每至春夏，辄溢没秋嫁，坏败营郭。诩乃使人烧石，以水灌之，石皆坼裂，因镌去石，遂无汜溺之患也。"

这两段引文是说，武都郡下辩县地方，舟车不通，没有道路，驴马运物，运道艰险，效果极差。虞诩出任武都太守之后"案行川谷"，调查下辩县内的道路状况，他发现下辩县与沮县之间有三十余里峡谷，谷中有水，可以行船，但水中有石，阻挡流水，不利船行，而且每到春夏之际，阻挡之水还会淹没庄稼，损坏城郭。虞诩了解了这一情况后，于是组织人力"烧石剪木"，一方面用火烧谷中之石，再用水浇谷中之石，使石坼裂，凿而去之；一方面再剪除谷中草木，使谷水能够行船，成为交通道路。

虞诩用火烧水浇的方法除去川谷中的顽石，使川谷流水成为一条交通通道。虞诩的做法，不但使川谷流水成为一条交通道路，每年节省"四千余万"，而且还解除了谷水淹没庄稼与城郭的水患。

这两处记载，记叙了虞诩为官一方，为民兴利的动人事迹，同时也表明二千年前，我们的先民已经懂得了使用热胀冷缩方法破解岩石施工难题，已经会在大型的水利工程中利用热胀冷缩原理解决施工中的难题。

二、《嘉靖宁夏新志》中记载

利用热胀冷缩原理破解岩石施工难题的这种方法，不但见于《后汉书》与《续汉书》的记载，还见于地方志的记载。明代的《嘉靖宁夏新志·卷三》（188页）与《万历朔方新志》灵州守御千户所的"水利"条目中记载："金积渠，在州西南金积山口，汉伯渠之上。弘治十三年，都御史王珣奏浚。长一百二十里。役夫三万余名，费银六万余两。夫死者过半。遍地顽石，大皆十余丈，锤凿不能入，火醋不能裂，竟废之。今存此虚名耳。"（《万历朔方新志》的记载与《嘉靖宁夏新志》的记载，文字稍有差别。）

这一记载中的"火醋不能裂"，说的正是利用热胀冷缩原理使坚硬岩石变得易于施工的方法。人们口口相传的方法与《后汉书》《续汉书》中的记载，是用水浇火烧过的岩石，而《嘉靖宁夏新志》中记载的是用"醋"浇火烧过的岩石。水浇火烧的岩石，使岩石变得疏松，产生裂缝，达到易于施工的目的，这是物理变化；醋浇火烧过的岩石，醋是酸性物质，它会使岩石发生化学反应，它产生的效果要比水浇火浇岩石的效果更好、更显著。

三、"火醋裂石"与"水浇烧石"

《后汉书》与《续汉书》记载的大型水利工程中，使用水浇火烧岩石破解施工难题的方法，表明我国古人早在二千年之前，已经知道利用热胀冷缩的原理与方法，这是我国古代人民聪明才智的表现，这在当时是一项了不起的成就。《后汉书》与《续汉书》的记载，不但使我们了解了我国古人破解岩石施工难题的方法，也使我们了解了我国古人的聪明才智。

《嘉靖宁夏新志》记载的"火醋裂石"法，虽然只有 500 多年的历史，虽然比《后汉书》《续汉书》的记载晚，但前者记载的是物理变化，后者记载的是化学反应。我国古代的石工艺人并不懂得现代的化学反应，但是他们在长期的劳动实践中，总会总结出一些符合现代科学原理的方法，并把这些方法运用到他们的生产实践中。《嘉靖宁夏新志》记载，明朝弘治年间，宁夏境内，开挖"金积渠"，修渠过程中，使用"火醋裂石"的方法破解施工难题。"金积渠"当时虽然没有修成，但是它记载的"火醋裂石"法，却留存了下来。这一记载，实际上是补充了我国古代施工工程中的一项记载空白，十分珍贵。

（原载于 2012 年 9 月《宁夏文史》第 28 辑）

试论《汉书·郊祀志上》与
《资治通鉴》记载的二则笔误

《汉书·郊祀志上》元鼎五年（1231页）记载："十一月辛巳朔旦冬至，昒爽，天子始郊拜泰一。朝朝日，夕夕月，则揖；而见泰一如雍郊礼。其赞飨曰：'天始以宝鼎神策授皇帝，朔而又朔，终而复始，皇帝敬拜见焉。'而衣上黄。其祠列火满坛，坛旁亨炊具。有司云'祠上有光'。公卿言'黄帝始郊见泰一云阳，有司奉瑄玉嘉牲荐飨，是夜有美光，及昼，黄气上属天。'太史令（司马）谈、祠官宽舒等曰：'神灵之休，祐福兆祥，宜因此地光域立泰畤坛以明应。令太祝领，秋及腊间祠。（三）岁天子一郊见。'"

《资治通鉴·卷二十·汉纪十二》，武帝元鼎五年（前112年）（665—666页）记载："冬，十月，上祠五畤于雍，遂踰陇，西登崆峒。……天子始郊拜泰一，朝朝日，夕夕月则揖。其祠，列火满坛，坛旁亨炊具。有司云：'祠上有光。'又云：'昼有黄气上属天。'太史令（司马）谈、祠官宽舒等，请三岁天子一郊见。诏从之。"

笔者认为元鼎五年向汉武帝建言的不是司马谈，而是他的儿子司马迁。理由如下。

一、《史记·封禅书》元鼎五年（1395 页）记载："十一月辛巳朔旦冬至，昧爽，天子始郊拜太一。朝朝日，夕夕月，则揖；而见太一如雍郊礼。其赞飨曰：'天始以宝鼎神策授皇帝，朔而又朔，终而复始，皇帝敬拜见焉。'而衣上黄。其祠列火满坛，坛旁亨炊具。有司云'祠上有光焉'。公卿言'皇帝始郊见太一云阳，有司奉瑄玉嘉牲荐飨。是夜有美光，及昼，黄气上属天'。太史公（司马迁）、祠官宽舒等曰：'神灵之休，佑福兆祥，宜因此地光域立太畤坛以明应。令太祝领，秋及腊间祠。三岁天子一郊见。'"

这即表明《史记·封禅书》记载的是太史公司马迁与宽舒向汉武帝建言，并不是太史令（司马）谈与宽舒向汉武帝建言。

二、《史记·五帝本纪》（46 页）记载："太史公（司马迁）曰：学者多称五帝，尚矣。然尚书独载尧以来；而百家言黄帝，其文不雅驯，荐绅先生难言之。……余尝（跟随汉武帝）西至空桐，北过涿鹿，东渐于海，南浮江淮矣……"

这是司马迁撰写了《史记·五帝本纪》之后，总结性的语言，这一重要语言说明《汉书·郊祀志上》与《资治通鉴·卷二十》记载的太史令（司马）谈，跟随汉武帝登空桐是笔误。

三、《史记·孝武本纪第十二》元鼎五年（前 112 年）（470 页）记载："十一月辛巳朔旦冬至，昧爽，天子始郊拜泰一。朝朝日，夕夕月，则揖；而见泰一如雍礼。其赞飨曰：'天始以宝鼎神笑授皇帝，朔而又朔，终而复始，皇帝敬拜见焉。'而衣上黄。其祠列火满坛，坛旁烹炊具。有司云'祠上有光焉'。……太史公（司马迁）、祠官宽舒等曰：'神灵之休，佑福兆祥，宜因此地光域立泰畤坛以明应。令太祝领（祀）（秋）及腊间祠。三岁天子一郊见。'"

此段也记载的是太史公司马迁，并不是太史令（司马）谈，这即说明《汉书·郊祀志上》与《资治通鉴·卷二十·汉纪十二》中记载的太史令（司马）谈是错误的记载。

属国三论

——王宗维《汉代的属国》一文之补证

184

属国是汉朝为安置归降部族在边郡之地设置的特殊政区，这种政区"因其故俗为属国"，在当时曾发挥了积极作用，对后世也有一定影响。有关属国的各种问题，一些学者已经进行了讨论研究。发表在《文史》第二十辑，王宗维先生的《汉代的属国》，是一篇总结性的论著。这篇论著，系统全面地考证论述了属国的五个重要问题。"汉代属国制度概况"一节，论述了属国之职能及设置时间，属国官员之组成地位等。"关于五属国说"一节，论述了"五属国"设置时间，考辨了"五属国"的不同记载与见解，表达了作者的观点。"西汉设置的属国"一节，论述了西汉所设七个属国的详细情况。"东汉设置的属国"一节，论述了东汉时期十一个属国的详细情况，并比较了西汉、东汉属国之异同。"属国的性质及其历史作用"一节，论述了"因其故俗为属国"之"故俗"的含义，总结了汉代属国的三条历史作用。王宗维先生的这篇论著，可以使读者对两汉属国的诸种问题有了系统深刻的了解。笔者拜读之后，获益良多。获益之余，也就西汉属国的三个问题谈些自己的见解。

一、汉代属国设置的时间

《汉书·百官公卿表上》（730页）记载："典客，秦官，掌诸归义蛮夷，有丞。……"（735页）记载："典属国，秦官，掌蛮夷降者。……""典客""典属国"是秦汉中央机构中设置的负责管理"蛮夷降者"的机构。属国是边郡之地设置的安置归附部族的政区。"典客"与"典属国"官员有管理属国事务的职责，属国之内的主要负责官员是属国都尉。典客与典属国设置的时间有先后，属国政区的设置也有一个逐步完善的过程。汉代设置属国的时间，论者多认为始于汉武帝元狩三年（前120年）。王宗维先生也认为"汉朝政府正式设置属国始于汉武帝元狩三年。"笔者认为，元狩二年，昆邪王率领四万余众匈奴部族降汉，汉朝于第二年的元狩三年设置属国安置这批归降部族，所设属国规模较大，数量较多是事实，但要说西汉在这一年才正式设置属国安置归降的边地部族，却有商讨之处。这是因为，设置属国的目的是为安置归降的边地部族，但边地部族归降汉朝的事件，并不始于武帝元狩二年，在元狩二年之前已经有过匈奴等部族归降汉朝的事件。请看如下记载。

1. 文帝时期，归降边地部族之记载。

《汉书·爰盎晁错传》（2382—2383页）晁错上汉文帝书中言："……今降胡义渠蛮夷之属来归谊者，其众数千……"

2. 景帝时期，归降边地部族之记载。

《汉书·百官公卿表下》记载景帝时因归降汉朝而封侯的有：

安陵侯于军，以匈奴王降，侯。

桓侯赐，以匈奴王降，侯。

乃侯陆疆，以匈奴王降，侯。

容城携侯徐卢，以匈奴王降，侯。

（翕）［易］侯扑，以匈奴王降，侯。

范阳靖侯范代，以匈奴王降，侯。

翕侯邯郸，以匈奴王降，侯。

亚谷简侯卢它之，以匈奴东胡王降，侯。

《汉书·百官公卿表下》记载景帝时期共有十八人封侯，因归降封侯的匈奴王即占了八名，可见当时归降的匈奴部族首领不在少数。由于这些归降者的身份都是匈奴部族的首领，所以，随着他们的归降，必然会给汉朝带来成批的匈奴民众。

3. 武帝继位之初至元狩二年之前，边地部族归降汉朝之记载。

《汉书·百官公卿表下》记载武帝继位之初至元狩二年之前，归降汉朝封侯的匈奴首领有：

翕侯赵信，以匈奴相国降，侯。

特辕侯乐，以匈奴都尉降，侯。

亲阳侯月氏，以匈奴相国降，侯。

若阳侯猛，以匈奴相国降，侯。

涉安侯于单，以匈奴单于太子降，侯。

昌武侯赵安稽，以匈奴王降，侯。

襄城侯桀龙，以匈奴相国降，侯。

潦悼侯王援訾，以匈奴赵王降，侯。

很显然，元狩二年之前归降汉朝的这批匈奴首领也必然给汉朝带来成批的匈奴民众。

从上述考察看，元狩二年之前确实存在着多批边地部族归降汉朝之事件。这些归降汉朝之边地部族，单独看，人数较少（但也在数百人或者千人之上）如果加起来，也有数千人或万人之多。元狩二年之前既然有这么多归降的边地部族，元狩二年之前就有设置属国之可能。

另外，文字记载也说明元狩二年之前已经设置了属国。

《汉书·文帝纪》（132页）记载："……令中尉亚夫为车骑将军，属国悍为将屯将军，郎中令张武为复土将军……"这一记载明确表明，西汉文帝时期已经设置了属国。

《汉书·贾谊传》（2241—2242页）上文帝书中记载："……臣窃料匈奴之众不过汉一大县，以天下之大困于一县之众，甚为执事者羞之。陛下何不试以臣为属国之官以主匈奴？行臣之计，请必系单于之颈而制其命，伏中行说而笞其背，举匈奴之众唯上之令。……"贾谊的这段话虽然是书生气的狂言，但其事实——属国的存在，他却不敢编造，因为这是让汉文帝看的。贾谊上书汉文帝，言"何不以臣为属国之官"，这就表明汉文帝时期确曾设置了属国。

《汉书·贾谊传》（2265页）最后班固的赞语中说："……及欲改定制度，以汉为土德，色上黄，数用五，及欲试属国，施五饵三表以系单于，其术固亦疏矣。……"班固修《汉书》，明习汉朝制度，他在评论贾谊的赞语中提及属国，说明汉文帝时期确实设置了属国。

《汉书·百官公卿表上》（735页）记载："……武帝元狩三年昆邪王降，复增属国，置都尉、丞、侯、千人。……""复增"一词表明，元狩三年之前已经设置了属国。另外，《汉书·百官公卿表上》（742页）记载："……农都尉、属国都尉，皆帝初置。""武帝初"设置属国都尉，是建元年间（前140—前135年），设置了属国都尉。这比元狩三年设置五属国安置归降的匈奴民众早了十多年。这也再次证明元狩三年之前已经设置了属国。

总之，从文景时期存在着成批边地部族归降汉朝之事实来看，从有关的文字记载来看，西汉属国始设置之时间，应在文景时期至汉武帝初年。

二、典属国设置的时间

王宗维先生在《汉代的属国》一文中精辟地论述了典属国的有关问题，但在论述典属国设置的时间时却出现了疏漏，先生认为"西汉政府所设典属国始自昭帝苏武"。先生的这一论断，显然是忽视了《汉书·李广苏建传》中的记载。《汉书·李广苏建传》（2439页）记载："景帝即位，（李广）为骑郎将。……为上谷太守，数与匈奴战。典属国公孙昆邪为上泣曰：'李广材气，天下亡双，自负其能，数与虏确，恐亡之。'上乃徙广为上郡太守。"这一记载表明，景帝继位之初，西汉中央机构中已经设置了管理归降部族之典属国官员。另外，典属国与"典客"都是中央机构设置的。《汉书·百官公卿表上》（730页）记载："典客，秦官，掌诸归义蛮夷。"（735页）记载："典属国，秦官，掌蛮夷降者。"汉文帝即位时，典客（刘）揭夺吕禄印，因功封典客揭为阳信侯，赐金千斤。文帝即位时中央已设有典客官职，那么，文帝时期也必然会设置典客与典属国官职。

《汉书·爰盎晁错传》的对策中提到公孙昆邪。（2291—2292页）错对曰："平阳侯臣窋……陇西太守臣昆邪所选贤良太子家令臣错昧死再拜言：……"师古注释此句："诏列侯九卿及郡守举贤良，故错为窋等所举。"这一记载与注释说明晁错成为太子家令是由公孙昆邪等人所举荐。文帝时，公孙昆邪任陇西太守，景帝时公孙昆邪为典属国。景帝即位之初，公孙昆邪以典属国的身份向景帝建议李广为上谷太守不合适，景帝听了公孙昆邪的建议调李广为上郡太守。这一事件表明典属国官员还有向皇帝举荐的权力。太守，秩二千石，典属国，也是秩二千石，二者年俸相等，属于同一等级。都尉、秩比二千石，低于太守与典属国。苏武出使匈奴，不辱使命，十九年后全节返汉。其人格、其气节受到了人们的敬重。汉昭帝封他为典属国，但是让他的年俸享受高一级待遇——秩中二千石。汉代官员的俸禄，有明确规定。中二千石者，月俸一百八十斛，全年的俸禄是二千一百六十石。享受这一级待遇的官员是：太守、光禄勋、卫尉、太仆、廷尉、大鸿胪、宗伯、大司农、搜粟都尉、少府、执金吾等；二千石者，月俸一百二十斛，全年的俸禄是一千四百四十石。享受这一级待遇的官员是：太子太傅、将作大匠、长乐少府、典属国、水衡都尉、京兆尹、右扶风等。苏武在匈奴中的十九年，熟悉匈奴情况，让苏武负责与匈奴的事务，是合理的人选。鉴于苏武的特殊表现，汉昭帝又破例让苏武享受高一级的九卿俸禄——年俸"中二千石"。苏武的实际年俸，高出典属国的年俸七百二十石。

三、龟兹属国设置的时间

《汉书·地理志·上郡》（1617 页）记载："……龟兹，属国都尉治。……"应劭注："龟兹国人来降，因以名县。"（1618 页）师古曰"龟兹国人来降附者，处之于此，故以名云。"应劭与师古的注释说明龟兹属国得名的原因，但是没有注明龟兹国设置的时间。王宗维先生在《汉代的属国》中认为"龟兹属国应是秦朝为安置龟兹归附部落而设立的"，"龟兹属国设于秦代、汉置上郡属国都尉治所仍设于龟兹"。

笔者认为，秦代虽然在中央机构中设有管理归附边地部族之官员，边郡之地也可能设置类似属国的政区，但设置龟兹归降者的属国之可能性却极少，这是因为，有秦一代，秦国的军事势力并未达到西域龟兹国地方，西域诸国也未与秦国有直接的来往，征诸史籍，并无龟兹国人来秦之记载，以此论之，龟兹属国设于秦代的论断是很难成立的。相反，大量的记载说明龟兹国人来降是发生在西汉时期，龟兹属国设置之时间应在张骞通使西域之后。

《汉书·傅常郑甘陈段传》（3001 页）记载："……先是龟兹、楼兰皆尝杀汉使者，语在西域传。至元凤中，介子以骏马监求使大宛，因诏令责楼兰、龟兹国。……介子至龟兹，复责其王，王亦服罪。介子从大宛还到龟兹，龟兹言'匈奴使从乌孙还，在此。'介子因率其吏士共诛斩匈奴使者。……"傅介子在龟兹的外交军事活动中，很可能有部分龟兹人归降汉朝。

《汉书·常惠传》（3004 页）记载："……天子以惠奉使克获，遂封惠为长罗侯。复遣惠持金币还赐乌孙贵人有功者，惠因奏请龟兹国尝杀校尉赖丹，未伏诛，请便道击之，宣帝不许。大将军霍光风惠以便宜从事。惠与吏士五百人俱至乌孙，还过，发西国兵二万人，令副使发龟兹东国二万人，乌孙兵七千人，从三面攻龟兹，兵未合，先遣人责其王以前杀汉使状。王谢曰：'乃我先王时为贵人姑翼所误耳，我无罪'。惠曰：'即如此，缚姑翼来，吾置王'。王执姑翼诣惠，惠斩之而还。"常惠在龟兹国的这次军事行动中，必然有一批龟兹国人归降汉朝。从《汉书》的记载看，龟兹国人归降汉朝之时间，主要发生在昭宣二帝时期。

王宗维先生的《汉代的属国》，是对属国系统全面的论述，笔者的这篇《属国三论》仅是讨论了属国的三个小问题，在这三个小问题的讨论中，提出了与王宗维先生不同的见解，仅是对王先生大著的一点补充。

（原载于 2010 年 9 月《宁夏文史》第 26 辑）

"战国秦长城" 走向及路径之再证说

　　本文根据史籍之记载，试对"战国秦长城"及蒙恬利用、重修西段长城之走向及路径，再作如下一些探讨研究。

一、《史记》记载之秦、赵、燕战国长城

　　战国时期，中原七国相互攻击，战争不断，北方草原地区的匈奴等游牧部族强大了起来，向南发展，威胁到了南部秦国、赵国、燕国的安全。于是，秦、赵、燕三国也对匈奴部族用兵，设郡治，筑长城以拒胡。所筑长城之记载如下：

　　……秦昭王时，……遂起兵伐残义渠。于是秦有陇西、北地、上郡，筑长城以拒胡。而赵武灵王亦变俗胡服，习骑射，北破林胡、楼烦。筑长城，自代并阴山下，至高阙为塞。而置云中、雁门、代郡。其后燕有贤将秦开，为质于胡，胡甚信之。归而袭破走东胡，东胡却千余里。与荆轲刺秦王秦舞阳者，开之孙也。燕亦筑长城，自造阳至襄平，置上谷、渔阳、右北平、辽西、辽东郡以拒胡[①]……

---

　　①《史记·匈奴列传》，第 2885—2886 页。

前 221 年，秦王嬴政灭亡齐国，结束了数百年相互攻击的"战国"局面，建立了秦帝国。秦帝国刚一建立，即命蒙恬出兵北方，收复河南地，以河为境，筑 44 县城，迁徙触犯秦朝法律的中原人口于所设之县；又修筑自九原至云阳 1800 里的直道，供始皇巡游使用；还修筑西起临洮、东至辽东，又渡河至阳山北假的万余里长城。蒙恬修复的这道长城，《史记·匈奴列传》与《史记·蒙恬列传》中均有记载。

《史记·匈奴列传》（2886 页）记载："……后秦灭六国，而始皇帝使蒙恬将十万之众北击胡，悉收河南地。因河为塞，筑四十四县城临河，徙适戍以充之。而通直道，自九原至云阳，因边山险堑溪谷可缮者治之，起临洮至辽东万余里。又渡河据阳山北假中。"

《史记·蒙恬列传》（2565—2566 页）记载："始皇二十六年……秦已并天下，乃使蒙恬将三十万众北逐戎狄，收河南。筑长城，因地形，用制险塞，起临洮，至辽东，延袤万余里。于是渡河，据阳山，逶蛇而北。暴师于外十余年，居上郡……"

对于战国秦长城，《史记·匈奴列传》与《史记·蒙恬列传》均记载了其起始地（陇西临洮），终止地（辽东郡），及其长度（万余里）。因为蒙恬修筑长城，利用、重修了战国时期秦、赵、燕所筑的长城，并将其联系贯通了起来，所以现今人们描述战国秦长城之起始地及其走向，多依照蒙恬修筑长城之记载，将战国秦长城之起始地也记的是陇西临洮。又因为《史记》记载蒙恬修筑长城的内容也较简单，所以今人记叙战国秦长城及蒙恬利用重修这段长城的起始部分（即西段秦长城），多采用北魏郦道元《水经注》中的记载。

二、《水经注》记载的战国秦长城及蒙恬所筑之西段长城

北魏郦道元《水经注》卷一与卷二前一部分，记叙了黄河的发源地，反映了当时人们对黄河起源的认识。之后，按照黄河"几"字形之流向，由西南向东北的顺序，并依次对陇西郡、金城郡、安定郡、五原郡、西河郡、上郡境内的长城作了记叙。

《史记》记载蒙恬所筑长城起始于陇西临洮，郦道元《水经注》卷二详细记载了黄河支流洮水流经陇西郡临洮等县的情况，却没有写出蒙恬所筑长城起始地的临洮县名，究其原因，因蒙恬所筑这段长城，是沿洮河而修筑，易于损坏，到了北魏时期，遗迹没有见到，所以郦道元没有记载（后置的金城郡有遗迹，并有记载）。总括计算，蒙恬所筑西段长城，《水经注》中依次记载了陇西郡、金城郡、安定郡、五原郡、云中郡、西河郡、上郡，共计 7 郡。这七郡内的蒙恬所筑长城分述于下。

1. 陇西郡的记载：郦道元《水经注》卷二详细记载了黄河支流洮水的流经情况，也记载了陇西郡内有蒙恬所筑长城，却没有写出长城起始地——临洮之名。临洮县是因洮水而得的县名，郦道元详细记载了洮水的流经状况，也从侧面突出了《史记》中记载的临洮之名。

2. 金城郡是后置之郡，战国秦长城由临洮县起始，沿洮水向

东北而行，经过了金城郡（今甘肃兰州市），其遗迹至今尚存①。

3.安定郡的长城记载："……其水又北，龙泉水注之，水出县东北七里龙泉，东北流，注高平川，川水又（王校又圈去）北出秦（长）城。（谢兆申云：宋本无又字，而秦城字作长城）长（王校"长"圈去）城在县北一十五里。又西北流，径东西二太（太字疑误）娄故城门北，合一水，水有五源，咸出陇山西。东水发源县西南二十六里湫渊，渊在四山中，湫水北流，西北出长城北，与次水会。水出县西南四十里长城西山中，北流径魏行宫故殿东……"安定郡是汉武帝元鼎三年（前114年）由北地郡析出之郡，因此，这段文字记载的秦长城也是北地郡的秦长城。

郦道元记叙了黄河与其支流流经安定郡的情况，以及蒙恬所筑长城后，又在《水经注》卷三中按照黄河"几"字形状，依次记叙了安定郡之北的北地郡、朔方郡的情况——因这两郡内没有蒙恬所筑长城，没有记载。然后又依黄河流向记叙了朔方郡东部五原郡的长城情况。

4.五原郡的长城记载："……始皇二十四年，起自临洮，东暨辽海，西并阴山，筑长城，及南越地画警（惊袁）夜作，民劳怨苦。故杨泉《物理论》曰：……生男慎勿举，生女哺用铺，不见长城下，尸骸相支拄。其怨痛如此矣。蒙恬临死曰：夫起临洮，属辽东，城堑万余里，不能不绝地脉，此固当死也。"

---

① 史念海：《黄河中游战国及秦时诸长城遗迹的探索·秦始皇所筑的长城的西段》，第65页末段记载："现在兰州市尚有两段旧长城，一在城内，实即兰州北城墙的一段——在城西小西湖，皆甚短促。"载《中国长城遗迹调查报告集》，文物出版社，1982年2月出版。

五原郡在秦以前为赵国、魏国之地，赵国曾在此境内筑有战国赵长城。因此五原郡内的长城应该是蒙恬利用重修的赵国长城，它不属战国秦长城。战国秦长城到不了五原郡内。郦道元记叙了五原郡之后又记叙了其东部云中郡的长城。

5.云中郡的长城记载：“《虞氏记》云：赵侯自五原河曲筑长城，东至阴山，又于河西造大城一箇，……其水又西南，入芒于水，西南径白道南谷口，有‘长’城在右，侧带长城，背山面泽，谓之白道。南谷口有城，自城北出，有高阪（坂衰），谓之白道岭。沿路惟（唯衰）土穴，出泉把之不穷。余每读《琴操》，见琴慎相和，《雅歌录》云：饮马长城窟，及其扳（坂）陟斯途，远怀古事，始知信矣，非虚言也。顾瞻左右，山树（椒）（谢兆申云：宋本作山椒）之上，有垣若颓基焉。沿谿（溪）亘岭，东西无际，疑赵武灵王之所筑也。……”郦道元认为云中郡内的长城，可能是赵武灵王所筑的赵国长城，因此云中郡内的长城也不属战国秦长城。郦道元记叙了云中郡的情况后，又记叙了其南部西河郡的长城。

6.西河郡的长城记载：“……水东南流，入长城东，咸水出长城西咸谷，东入湳水，又东南，……《地理志》曰：圜水出西，东入河，王莽更曰黄土也。东至长城，与神御（古本作神衔）水合。水出县南御（衔）山，峡山，东出至长城入于圜。……”从西河郡的地理位置看，西河郡内的长城应是蒙恬新筑之长城，不可能是战国秦长城。郦道元记叙了西河郡后，又记叙了上郡的情况。

7.上郡的长城记载：“……秦昭王三年置上郡治，汉高祖并三秦，复以为郡，……帝原水，自下亦为通称也，历长城东，出于赤翟白翟之中。又有年（平）水，出西北平溪，东南入奢延水，又东走，马水注之。水止（出）西南长城北，阳周县故城南桥山，昔二世赐蒙恬死于此，……其水东流，昔段颎追羌出桥门，至走马水，闻羌在奢延泽，即此处也。门即桥山之长城门也。始皇令太子扶苏与蒙恬筑长城，起自临洮，至于碣石，即是城也。其水东北流，入长城，又东北，注奢延水。……"上郡郡治是肤施县，即在今陕北榆林北部赫连勃勃所筑的统万城（唐夏州城）附近。由《史记》的记载看，战国秦长城由西南临洮，向东北方向的终止地点应该在统万城西北一带，它不应该远到其西北的西河郡地区。

将上述陇西郡、金城郡、安定郡（即秦以前的北地郡）、上郡四郡的长城，由西南向东北联系起来，即是战国秦长城。再将西河郡、云中郡、五原郡的长城与上记的四郡长城联系起来，这七郡内的长城即是蒙恬所筑整体长城的西段部分。

前110年（元封元年）10月，汉武帝率领18万大军，沿着蒙恬修筑的直道出巡，"……行自云阳、北历上郡、西河、五原、出长城，北登单于台，至朔方，临北河。……"[①]旌旗千余里，威震匈奴。返回时，经过桥山，祭祀了黄帝陵。跟随汉武帝出巡的太史公司马迁，看到了直道附近蒙恬修筑的巨大长城工程，他在《史记·蒙恬列传》（2570页）最后评论："吾适北边，自直道归，行观蒙恬所为秦筑长城亭障，堑山堙谷，通直道，固轻百姓

---

①《汉书·武帝纪第六》，中华书局校勘本，第189页，1975年4月第3次印刷本。

力矣。夫秦之初灭诸侯，天下之心未定，痍伤者未瘳，而恬为名将，不以此时强谏，振百姓之急，养老存孤，务修众庶之和，而阿意兴功，此其兄弟遇诛，不亦宜乎？何乃罪地脉哉？"司马迁斥责蒙恬的语言，说明战国秦长城或蒙恬新筑长城与直道相距不远，或者相通。

三、宁夏固原境内战国秦长城之走向及路径

近 30 年间，随着编修地方志书和研究地方文化的兴起，随着考察、调查长城工作的展开，宁夏固原境内战国秦长城的走向及路径也明确了起来，但是征诸史籍，笔者认为，固原境内战国秦长城之走向及路径还有继续探讨研究的必要。为了说明笔者的拙见，摘录几家代表性的志书之记载如下：

1.《宁夏境内战国・秦・汉长城遗迹》记载："初步调查：这段（战国秦）长城由甘肃静宁县进入宁夏西吉县，沿葫芦河东岸北行，经将台公社……绕过县城西北五公里的长城梁、明庄、郭庄，到达清水河岸。……然后进入固原东山。一直东南斜行经河川公社北……折向北出宁夏境，进入甘肃省镇原县马渠公社的城墙湾村庄。"①

2.《固原地区志・科教・文物志》"文物保护""战国秦长城"条目记载："……其中有一段横跨今固原地区。这段秦长城由甘

① 宁夏回族自治区博物馆、固原县文物工作站：《宁夏境内战国、秦、汉长城遗迹》，韩兆民、许成执笔，载《中国长城遗迹调查报告集》第 7 节。文物出版社 1981 年 2 月印刷。

肃静宁县进入西吉县，沿葫芦河东岸经将台转马莲乡入固原县张易、红庄乡再出叠叠沟，经中河乡和西郊乡的清水河西岸……黄家河入彭阳县……在杨小庄下沟折向东北出宁夏境，入甘肃镇原县。……"①

3.《宁夏通志·军事卷·第五编·第一章》"战国秦长城"词条记载：经过西吉、固原、彭阳三县的战国秦长城共长174公里。②

上述几家代表性的记载说明：（1）战国秦长城由甘肃静宁进入固原地区西吉县境，又由彭阳县出境进入甘肃镇原县，经过了西吉、固原、彭阳三县，总长度174公里。（2）这段战国秦长城的走向是"横跨了今固原地区"。

从几家志书记叙的战国秦长城之走向及路径看，"横跨"一词符合实际，从《宁夏通志》地图所显示的方向情况看，这段长城的纵向（南北）深度不够，"横跨"一词也符合志书记叙的实际情况。从志书的记叙及地图显示的情况看，这段战国秦长城只经过了固原南部地区，其北部同心等县没有这段长城的遗迹。这与郦道元《水经注》所记战国秦长城之走向及路径——由西南向东北之方向不相一致。这种不相一致，这种"横跨了固原地区"的记载，是令人困惑的，也是令人费解的。为了深究这一问题，现摘录《后汉书》卷65《张奂传》（2138页）中的一段记载如下：

永寿元年（156年），迁安定属国都尉（张奂）。初到职，而南匈奴奥鞬台耆、且渠伯德等七千余人寇美稷，东羌复举种应之，

199

---

①《固原县志》也有类似的记载。
②方志出版社，2004年出版。

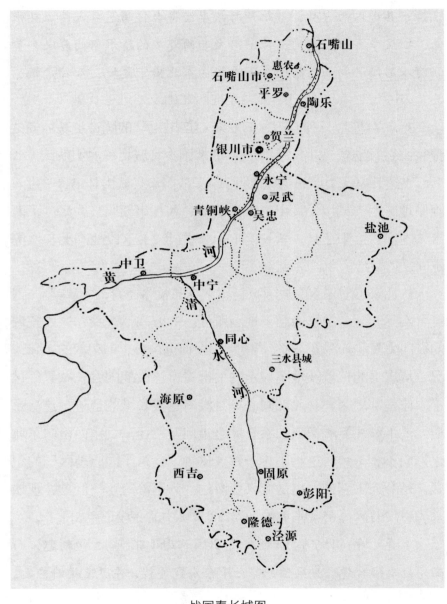

战国秦长城图

而奂壁唯有二百许人，闻即勒兵而出。军吏以为力不敌，叩头争止之。奂不听，遂进屯长城，收集兵士，遣将王卫招诱东羌，因据龟兹，使南匈奴不得交通东羌。这一记载是说，初到职的张奂，不听劝阻，要由安定属国都尉之地句北出发"进屯长城"——越过长城，隔断东羌与南匈奴的联系。这里记载的"进屯长城"之长城，即是蒙恬利用重修的战国秦长城。这一记载说明战国秦长城曾经经过了安定属国都尉之北部。安定属国都尉在何处？请看郦道元《水经注》卷二的如下记载：

高平又北，径三水县西，肥水注之。水出高平县西北二百里牵条山西，东北流，与若勃溪水合，有二源，总归一渎，东北流，入肥。肥水又东北流，违泉水注焉。泉流所发，导于若勃溪东，东北流入肥。肥水又东北出峡，注于高平川水，东有山，山东有三水县故城，本属峡，注于高平川水，东国都尉治，王莽之广延亭也，西南去安定郡三百四十里。侍郎张奂为安定属国都尉，治此。① 安定属国都尉是为安置归附匈奴部族设置在三水县城的政区机构，安定属国都尉张奂的驻地即在三水县城。从《水经注》卷二的记载看，三水县城至西南安定郡郡治高平的距离是340里。安定郡城是当时的高平县城（王莽改为铺路）——今固原县城。三水县城，鲁人勇先生考证："治今同心县下马关乡（大罗山东）北红城水古城。"②新编修的《同心县志·文物名盛篇·古遗址》"红城水城址"词条记载："位于下马关镇红城水上垣村。古城平面近

---

① 《水经注校》70—71 页。

② 鲁人勇、吴忠礼、徐庄：《宁夏历史地理考》（三水县），第 30 页。

似正方形……城内地表到处散布着灰陶片……多以秦汉时的绳纹为主，弦纹、波浪纹次之。"根据这些记载，汉代曾在此处修建过城池。

按照《张奂传》的记载，战国秦长城应该经过安定郡北部340里处的三水县城北部，这即是说战国秦长城由西南安定郡城附近，向东北进行，要经过同心县下马关地区。这显然与诸家志书记叙的战国秦长城之走向及路径是不同的，是错误的。鉴于此，笔者认为宁夏固原地区战国秦长城之走向及路径需要重新审视、重新考证。

（原载于 2017 年第 2 期《宁夏文史》总第 37 期）

"三良宫"解说

——《三辅黄图》注释一则

　　《三辅黄图》卷三（24—25页）[①]记载："回中宫，《史记》秦始皇二十七年，巡陇西北地，出笄头，过回中。《汉书》文帝十四年，匈奴入萧关。杀都尉烧回中宫，侯骑至雍。武帝元狩四年，幸雍通回中道，遂北出萧关。又有三良宫相近。"

　　对于这一记载，陈直先生在《三辅黄图校证》中做了如下校证：直按：《太平寰宇记》卷三十，完全与本文相同。又《汉书·武帝纪》元狩四年通回中道，如淳注引《三辅黄图》回中宫在汧，为今本所无。又《铙歌十八曲·上之回》云："上之回所中，益将至，行将北以承甘泉宫。"

　　陈直先生的校证补充了回中宫的有关内容，但是对于记载中的三良宫，先生却没有论及。"三良宫"是何意义？回中地区为什么会建造三良宫？回中地区的三良宫为我们传递了什么样的历史信息？本文试就这些问题作一探讨与解说。

---

　　①《三辅黄图》，中华民国二十五年十二月初版，毕沅校正，商务印书馆印刷发行。

一、三　良

春秋战国时期，我国西部地区的秦国强大了起来，强大起来的秦国出现了一位著名的国君——秦穆公，秦穆公执政后，招贤纳才，网罗人才，积极学习东方诸侯国家的先进文化，参与诸侯国家之间的角逐。向东，扩张势力，三置晋国之君；向西，利用由余之谋，伐戎王，《史记·秦本纪》（194 页）记载："……益国十二，开地千里，遂霸西戎。……"秦穆公执政 39 年，不但使秦国真正获得了与中原各国平等的地位，而且使秦国成为春秋的五霸之一。秦穆公为秦国的强大作出了重要贡献，秦穆公的贡献奠定了后来统一全国的基础。[①]就是这样一位著名的国君，临死之前却做出了一项十分荒唐的决定——他要让 177 人为他殉葬，殉葬的人中还包括了三位为人善良、人品很好的秦国大夫。这三位大夫：

《左传·文公六年》中记载："秦伯任好卒，以子车氏之三子奄息、仲行、鍼虎为殉，皆秦之良也。"

《史记·秦本纪》（194 页）记载："……三十九年（前 621），缪公卒，葬雍。从死者一百七十七人，秦之良臣子舆氏三人名曰奄息、仲行、鍼虎，亦在从死之中。……"

《左传》与《史记》的记载告诉我们，三良宫之三良，是指为秦穆公殉葬的子车氏的三个儿子奄息、仲行、鍼虎三人。因这三人心地善良，人品好，被人们称为"三良"。三良宫即是因这三人

---

① 马非百《秦集史》语。

史籍校勘与汉印研究

而建造的行宫。

　　用人殉葬是一种古老的习俗，奴隶社会更加盛行。河南安阳殷墟大墓之中曾经发现过大批人殉的现象。到了春秋时期，中原地区的诸侯国家已经摈弃了人殉的习俗，已由陶俑、木俑替代了人殉，而秦穆公却仍然要继承其先祖的恶习陋俗，逆历史潮流而行，用177条鲜活生命为其陪葬，并将三位善良的臣子也葬在了墓中。秦穆公的荒谬行为，屈死了177人，这是逆天理、背人伦的罪恶行径。这一行为施行后，激起了秦国百姓的怨愤，也激起了秦国大臣的批评。诸侯各国知道了这一事件之后，也反对这一行为，认为秦穆公不是一位贤明的国君。秦穆公因此获得了一个"缪"的恶谥。

二、《黄鸟》的哀鸣

　　秦国百姓憎恨秦穆公的恶行，他们编唱了一首歌谣——《黄鸟》，用以表达他们同情三良不幸的命运，憎恨秦穆公的感情。《黄鸟》一诗被孔子编选在《诗经·国风》的《秦风》之中，作为教材，教授学生。《黄鸟》一诗：

　　　　交交黄鸟，止于棘。谁从穆公？子车奄息。

　　　　维此奄息，百夫之特。临其穴，惴惴其栗。

　　　　彼苍者天，歼我良人！如可赎兮，人百其身。

　　　　交交黄鸟，止于桑。谁从穆公？子车仲行。

　　　　维此仲行，百夫之防。临其穴，惴惴其栗。

　　　　彼苍者天，歼我良人，如可赎兮，人百其身。

交交黄鸟，止于楚。谁从穆公？子车鍼虎。

维此鍼虎，百夫之御。临其穴，惴惴其栗。

彼苍者天，歼我良人，如可赎兮，人百其身。

"彼苍者天！歼我良人。"你这个荒唐的国君，怎能埋葬我们的好人！

"如可赎兮，人百其身。"如可换回三位好人的性命，我们100人都可替他而死！

全诗三段，反复吟唱，反复咏叹。直白的陈述，愤怒的斥责，深深的同情，表达的是百姓胸中的心音。

这是一首鞭挞统治者恶行，同情好人不幸命运的诗篇，这是一首揭露邪恶、黑暗，伸张正义、光明的伟大诗篇，这首伟大的诗篇，被孔子编选为教材，传遍天下，名播后世。孔子反对人殉的心意，寓在了其中。

回中之地建造与三良名称相联系的三良宫，行人经过回中道路，见到三良宫，自然会触景生情，忆起三良等177人的不幸命运，自然会忆起孔子编选在《诗经》中的《黄鸟》诗篇。现实的实景与《黄鸟》发出的哀鸣，交汇在一起，当会激起人们对秦穆公恶行的批判指责，对三良的深深同情。

三、秦始皇没有建造三良宫

秦穆公死后葬于雍地，被秦穆公屈死的三良亦葬于雍地。秦穆公执政的晚年虽然降服了西戎十二国，但秦国的势力并没有完全控制西戎之地，秦穆公也没有出巡回中之地，春秋至战国时期，秦国的诸王也没有出巡回中之地，回中之地的三良宫不可能建造于这一时期。秦始皇二十六年（前221年），建立秦帝国，秦帝国建立后的第二年（前220年），秦始皇开始出巡西北边地的陇西、北地二郡。这次出巡，经过陇山地区、回中地区，在回中之地建造了回中宫，在渭南建造了信宫（之后改为了极庙），修筑了信宫至郦山的道路，又修建了甘泉宫前殿，又命令修筑京师至回中之间的驰道。秦始皇这次出巡，一方面考察民风，一方面祭祀陇山湫渊圣水，为了考察民风与祭祀活动的顺利方便，他大兴徭役，大建宫殿，大修道路。秦始皇是不惜民力，大兴徭役的皇帝，他的一生修建了许多行宫。"……秦非徒如此也，起咸阳而西至雍，离宫三百……"①"……治离宫别馆，周遍天下。……"②《三辅黄图》中记载了秦汉时期建造的百十座行宫名称，回中宫的大名也在其中。《三辅黄图》记载了秦始皇建造的回中宫，又记载回中宫附近建造了一座三良宫，那么，三良宫是否也是秦始皇所建？

三良事件，是秦国历史中的丑恶事件。建造以三良为名的三良宫，会勾起秦国百姓痛苦的回忆，会激发起人们对三良的同情心理，会引发人们对秦穆公的憎恨感情。三良宫是揭露秦国国君恶疮的建筑。秦始皇出巡北地，在北地郡的回中地区已经建造了回中宫，他决不可能再建造一个揭露其先祖之恶的三良宫。

---

① 《汉书·贾山传》2328页。
② 《史记·李斯传》2547页。

四、深远的影响

　　秦穆公让包括三良在内的 177 人为其殉葬后，秦国的百姓编唱了《黄鸟》诗歌斥责了秦穆公，同情了三良的不幸命运。孔子把这首诗歌编选在《诗经》之中。到了战国时期，孔子学说的继承人孟子见梁惠王，与梁惠王对话时，引用孔子"始作俑者，其无后乎"的话语，给梁惠王讲道理。"始作俑者，其无后乎"这一话语，《论语》中没有记载，但它却与三良人殉事件有着内在的联系，这句话，从一个侧面反映了孔子坚决反对人殉的态度。

　　又过了二三百年，秦帝国建立。秦帝国建立后，秦始皇之子胡亥继位。胡亥继位后，听信宦者赵高之言，谋杀长兄扶苏，又谋杀为秦国立有大功的蒙恬、蒙毅兄弟二人。蒙毅见到胡亥派来谋杀他的使者，看了胡亥赐死的书信，驳斥了对他的不实之辞后，又说：

　　"昔者秦穆公杀三良而死，罪百里奚而非其罪也，故立号曰'缪'。昭襄王杀武安君白起，楚王杀伍奢，吴王夫差杀伍子胥。此四君者，皆为大失，而天下非之，以其君为不明，以是籍与诸侯。故曰'用道治者不杀无罪，而罚不加于无辜'。唯大夫留心！"蒙毅向胡亥派来的人说，秦穆公等四位国君，因杀害无罪士人，而获得了不好的名声，天下人认为这四位国君是昏君。秦穆公等四位国君因此落下的恶名传遍了诸侯各国。蒙毅劝说胡亥派来的人注意这个问题，不要因杀害他而留下千古的恶名，遭受世人的唾骂。蒙毅希求来人将这番道理告诉胡亥。唯胡亥之命是从的来人，怎能听进这番道理！仍旧按照胡亥的意图杀害了蒙毅。蒙毅的申诉自然救不下自己的姓命，但蒙毅的申辩揭示了三良事件产生的深远影响。记下这种深远的影响，记下三良事件中的众生像，让后人明善恶，知是非，评得失，司马迁的心意，亦寓在了其中。"用道者治，不杀无罪，而罚不加于无辜，唯大夫留心！"这是蒙毅的呼号，这也是司马迁的呼号。

五、汉武帝建造了三良宫

宁夏固原地区，有陇山（六盘山），有湫渊。陇山，是兴云作雨，传说中龙的出生之地；湫渊是战国时期秦惠文王投文诅楚的圣水①。广成子曾在这里修仙，黄帝曾在这里问道。秦汉时期，湫渊是国家规定的北方祭祀圣地，地位与黄河、汉水、长江等同②。湫渊旁边建有祭祀的神祠，管辖湫渊的朝那县内也建有由胡巫掌管的十五所端旬祠负责着祭祀的活动③。秦始皇二十七年出陇西、北地，"出鸡头山，过回中"地，在回中之地建造了回中宫。回中宫建造好之后，到了汉文帝前元十四年毁于战火。秦末至西汉前

----

①诅楚文：刻于三块石上，分别是"巫咸""大沈厥湫""亚驼"，共三百四十八字。北宋时发现。是祈求天神保佑秦国战胜楚国，诅咒楚国败亡的内容，反映了战国时期秦楚间的关系。元朝人李诚撰写的《重修朝那龙神庙记》"考之传记，春秋时秦人诅楚之文，投是渊也。汉唐载在祀典，金宋边臣赏祀于祠，碑石仍存"。（载于《嘉靖固原州志》之中）《金石索》认为诅楚文作于秦惠文王后元十三年。郭沫若1947年撰有《诅楚文考释》，收载于《天地玄黄》之中。

②《史记·封禅书》（1372页）。

③《汉书·地理志》安定郡（1615页）。

期，西汉的皇帝没有到过回中之地，此时的回中之地不可能建造三良宫。

汉武帝继位二十多年后，开始了大规模的出巡活动，出巡宁夏固原地区达 11 次之多①。三良宫应是汉武帝频繁出巡固原地区，重建了回中宫之后，又在其附近建造的行宫。

元鼎五年（前 112 年），汉武帝第一次出巡西北边地，"……行幸雍，祠五畤，遂逾陇，登空同……"②。之后，又向北到达北地郡与朔方郡之间的新秦中，在新秦中举行了大规模的军事狩猎活动，在活动中发现千里之广的新秦中，没有修筑烽堠、亭障军事设施，于是诛杀了北地郡太守以下的一大批官员③。汉武帝这次出巡，经过了四郡，三郡的太守死于非命。这次出巡，对各级地方官府产生了极大的影响，各地地方官员修筑道路，建造宫观，修缮山川的祭祀神祠，等待着汉武帝的到来。

元封四年（前 105 年），汉武帝第二次出巡宁夏固原地区，"……行幸雍，祠五畤。通回中道，遂北出萧关，历独鹿、鸣泽、自代而还……"④这次出巡，修通了回中至萧关之间道路，并重建了被匈奴烧毁的回中宫。汉武帝是"巡游无度"（司马光语）的皇帝，自元鼎年间开始，几乎每年都要出巡，出巡宁夏地区即达 11 次之多。秦始皇出巡，修驰道，建行宫，"离宫三百"。汉武帝出巡，也是修驰道，建行宫。班固《西京赋》云："前乘秦岭，后

---

① 陈田心《汉武帝出巡宁夏三说》，《宁夏文史》第 26 辑，2010 年 9 月版。
②《汉书·武帝纪》185 页。
③《史记·平准书》1438 页。
④《汉书·武帝纪》195 页。

越九嵕，东薄河华，西涉歧雍，宫观所历，百有其区。"陈直先生《三辅黄图校证》言："秦离宫三百，汉武帝往往修治之。"汉武帝11次经过或前往宁夏固原地区，多次在宁夏固原地区举行祭祀湫渊圣水的活动，他重建了回中宫之后，又在回中宫附近建造三良宫是完全可能的。

三良宫是批判秦国国君的建筑，是揭露秦国国君逆天理、背人伦的建筑。回中地区，曾是西戎义渠等部族生存活动的地区，秦亡义渠之后，部分义渠人逃往了北方，大部分义渠人仍然留住在原地。回中地区建造以三良为名的三良宫，昭示的是秦国国君之短，揭示的是秦国国君之恶。这样的建筑，迎合的是义渠居民亲近汉朝的心理，其目的是动员义渠部族人民积极参与汉朝对匈奴的战争，保卫汉朝的边地。汉朝对匈奴的战争中，有专门的义渠军队，义渠人员中有多位高级将领参与了对匈奴的战争，立下了赫赫战功，也说明了这一问题。

2008年9月12日《新消息报》刊载的报道称："20世纪80年代，泾源县香水镇农民在果家山挖出一块巨形瓦当，后一直保存在泾源县文管所。一般的瓦当直径多在15厘米左右，但泾源发现的这件瓦当的直径却在42.5厘米，直径最大处为47厘米，堪称瓦当中的'巨无霸'。"我区考古专家钟侃先生介绍：1995年考古人员在果家山试掘，在离地面2米处发现了铺地砖、排水的套管，还有小夔纹瓦当。而这种巨形的夔纹瓦当在宁夏、甘肃、青海属首次发现。钟侃先生认为，果家山存在着一处秦代的宫殿遗址。果家山遗址当为秦汉时之回中宫。

巨形夔纹瓦当的发现，为回中宫遗址的确知提供了重要的根据。这是宁夏考古界的重要事件。《三辅黄图》记载回中宫附近还有一座三良宫，巨形夔纹瓦当的发现，对于回中宫、回中之地、回中道路的确知与研究均有着十分重要的作用，也为三良宫处所之判断与研究提供了重要的依据。

（原载于 2011 年 9 月《宁夏文史》第 27 辑）

苏武的封职与俸禄

—— 读史杂记之一

　　公元前 100 年的西汉天汉元年，汉武帝派遣中郎将苏武出使匈奴，苏武到了匈奴之后，被扣留了 19 年，经历了各种磨难。到了汉昭帝始元六年（前 81 年），始得返回汉朝。苏武返回汉朝，是轰动西汉朝廷的重大事件，上至朝廷高官，下至平民百姓，都被苏武坚持汉节，全节返汉的精神气节所感动。如何对待归来的苏武，封苏武什么样的官职，给苏武什么样的奖励。这是西汉官府与民间关心注目的事情，也是需要汉昭帝与霍光等重臣商议做出决定的事情。

　　为了表彰苏武矢志不移，坚持汉节的精神与高尚气节，汉昭帝奖给苏武 200 万钱，2 顷公田，1 套住宅院落，又封苏武为典属国官职，让苏武专门负责管理边地少数民族事务，并把苏武每年的俸禄（即秩，工资）定为"中二千石"。苏武回归后每年"中二千石"之破格俸禄，很少有人提及，苏武封为典属国之官职，却成为当时朝中高层斗争中的话题。不但当时的朝中有人拿苏武所封官职说事，而且在后世，也有人认为苏武所封典属国官职与其表现不相一致，认为苏武的封职是功多赏薄。苏武被封为典属国官职是否不合适，是否功多赏薄？只有了解了苏武回归汉朝的背景与苏武回归后得到封职的全面情况之后，才能得出正确的结论。

苏武返回汉朝的时候，汉昭帝年仅13岁，国家大事主要由霍光、金日磾、上官桀、桑弘羊四位大臣处理。但是，这几位重臣，在人事任免上的意见并不一致。上官桀与他的儿子上官安多次提出要给他们的亲人提升官职，霍光没有同意；桑弘羊自以为立有大功，也要求给他的弟子加封官职，也遭到了霍光的拒绝。于是上官桀、桑弘羊等人联合起来对付霍光，跟霍光争权夺利。为了达到跟霍光争权夺利的目的，上官桀、桑弘羊等人又联合对霍光不满的汉昭帝的姐姐长公主与长兄燕王刘旦等皇族共同对付霍光，他们冒充燕王刘旦，上书汉昭帝揭发霍光的"问题"说，苏武被匈奴扣留19年，返回汉朝，只封了典属国官职，而霍光的长史杨敞没什么功劳却封为了搜粟都尉，又调为了幕府校尉。上官桀等人认为霍光的这些做法"专权自恣，疑有非常"，怀有不可告人的阴谋。汉昭帝看了告发霍光的书信，并没有按照上官桀等人的意图处理霍光，而是更加信任霍光。上官桀等人看到汉昭帝仍然信任霍光，于是企图采取更加狠毒的手段来对付霍光。他们密谋，让长公主（汉昭帝的姐姐）置酒宴请霍光，等霍光赴宴时，伏兵杀之，并进而除掉汉昭帝，让燕王刘旦为天子。结果，阴谋败露，上官桀、桑弘羊等人均被诛灭，燕王刘旦等人也自杀。

这件惊天的大案中，反对霍光的上官桀、他的儿子上官安、桑弘羊、燕王刘旦等人丢掉了性命。苏武的儿子苏元，也因卷入这一案件而死于狱中。这一案件虽然以上官桀等人的失败而结束，但是上官桀等人为苏武鸣不平，认为苏武功多赏薄的看法并没有消失，人们仍然关注着苏武所封典属国官职之事。最有趣的是收载在《艺文类聚》卷三十（533 页）中伪造的李陵给苏武的一封书信，这封书信以骈体文的形式，借李陵之口，为苏武封为典属国官职鸣不平，为李陵不回归汉朝作说辞。现摘录部分内容如下：

"汉李陵与苏武书书曰：……足下昔以单车之使，适万乘之虏。丁年奉使，皓首而归。老母终堂，生妻去室，此天下所希闻，古今所未有。闻子之归，赐不过二百万，位不过典属国。子尚如此，陵复何望哉！且汉厚诛陵以不死，薄赏子以守节，欲使远听之臣，望风驰命，此实难矣。男儿生以不成名，死则葬蛮夷中，谁复能屈身稽颡回向北阙，使刀笔之吏，弄其文墨耶！嗟乎子卿，夫复何言！相去万里，人绝路殊生为别世之人，死为异域之鬼，长与足下生死辞矣。"

读其文，不能不为李陵的不幸遭遇而感叹，读其文，也不能认为苏武功多赏薄，不能不为苏武封为典属国官职一事而鸣不平。这里的主要问题是要全面地了解苏武的封职情况。

苏武返回汉朝的昭帝六年（前 81 年），汉匈双方的关系已经有了改善，双方的人员已经有了较多的交往，正是在这种友好的背景之下，苏武才得以返回了汉朝。苏武返回汉朝，被封为典属国官职，典属国是汉朝设置的专门负责边地归附少数民族事务的官员，典属国官员要熟悉了解边地少数民族的情况，苏武在匈奴 19 年，他是当时最熟悉、最了解匈奴情况的官员。苏武返汉，又发生在汉匈关系改善的时刻，在这样的时刻，汉昭帝与霍光让苏武为典属国官员，让苏武负责管理边地少数民族归附之事，这对改善汉匈双方的关系，处理好边地归附少数民族事务，都是有利的事情。由这层意义考虑，汉昭帝与霍光让苏武为典属国官员，可以说是选人合适，用人得当。

苏武被扣留在匈奴19年，经受了酷刑，饱受了饥饿，抵御了逼诱，拒绝了劝降，苏武"使于四方，不辱君命"。其气节，其人格，可与天地同辉，可与日月争光。苏武载誉归来，声望高涨之时，上官桀等人拿苏武之封职说事，用苏武的封职类比杨敞的封职，揭露霍光用人不当，确实给了霍光重重的一击。单由杨敞与苏武封职官位大小而论，单由杨敞之功业与苏武功业相比而论，拿苏武封职典属国一职说事，上官桀等人告发霍光用人不当，没有给苏武与其功绩相一致的官职，确实在理。但是，我们思考上官桀告发霍光的方式、方法、目的，我们全面了解苏武的封职与他的俸禄待遇，我们会觉得汉昭帝看了告发霍光的书信，不相信告发的书信，更加相信霍光是完全正确的。我们会觉得汉昭帝对待苏武的封职是合适的。

上官桀等人以苏武为典属国一职说事，冒充燕王刘旦告发霍光。苏武任为典属国不单是霍光一人的决定，年轻的汉昭帝必知此事，上官桀把矛头指向霍光，实际上也是指向了年轻的汉昭帝。汉昭帝一看到告发的书信，即发现这封书信中记叙的时间不对，认为这是一份冒充燕王刘旦的书信。告发的书信中说霍光擅自将杨敞调为幕府校尉，而此时的燕王刘旦还在千里之外他的封地，杨敞的调令下发还不到10天，10天之内，燕王刘旦不可能得知霍光升调杨敞为幕府校尉之事，上告书信的内容与书信来往的时间是不够的，是矛盾的。年仅14岁的汉昭帝识破了告发霍光的信是冒充的，从而也认清了上官桀等人的阴谋。上官桀以冒充他人之名上书皇帝，犯了欺君之罪，结果弄巧成拙，暴露了自己，这是一。第二，苏武被封为典属国官员，但他每年享受的俸禄（秩），并不是典属国的俸禄，而是九卿——"中二千石"的俸禄。

请看《汉书·苏武传》（2467页）记载：

"武以（元始）（始元）六年春至京师。诏武俸一太牢谒武帝园庙，拜为典属国，秩中二千石。"

汉代官员的俸禄（秩）以谷计算。计有万石、二千石、千石、百石、斗食五个等级。二千石中又分为四个等级：一等是中二千石，每月发谷180斛，全年12个月共发谷2160石。二等是真二千石，每月发谷150斛，全年共发谷1800石。三等是二千石，每月发谷120斛，全年发谷1440石。四等是比二千石，每月发谷100斛，全年发谷1200石。

典属国的俸禄，按《汉书·百官公卿表》记载，与太子太傅、太子少傅、詹事、水衡都尉、内史、主爵都尉属于同一等级，其俸禄是二千石，即典属国苏武每月的俸禄是120斛，全年应得的俸禄是1440石。但是苏武实际每年享受的俸禄却是九卿的待遇，苏武每月实领的俸禄是180斛，全年实领的俸禄是2160石。苏武全年实领俸禄比典属国一职所领俸禄高出720石。毫无疑问，霍光（或者是汉昭帝）虽然给苏武封的官职是属于二千石的等级，但是让苏武享受的却是九卿的俸禄待遇。汉昭帝与霍光为什么会给苏武九卿的俸禄？很显然，这是汉昭帝与霍光对苏武特殊表现、特殊功绩的破格奖励。假如说苏武的封职低了，或者说苏武所封的官职与其卓著的功绩不相称，那么，对苏武俸禄的破格奖励不是可以补其不足吗？因此可以说，从苏武享受九卿俸禄待遇这一破格奖励看，无论是汉昭帝，或者是霍光，他们对苏武的功绩都是充分肯定的，是尊重的，他们并没有轻慢苏武。上官桀等人以苏武典属国官职说事，避而不谈让苏武享受九卿俸禄的破格待遇，瞒过他人，瞒不过汉昭帝，瞒不过霍光。上官桀等人阴谋之败露是很自然的事情。后世的某些文章，记叙到苏武的事迹与功绩，也认为苏武被封为典属国官员是功多赏薄。窃想，这些文章的著者如果注意到了苏武"中二千石"的记载，如果将苏武所封的官职与其实际享受的俸禄联系起来看待，其结论与看法当会更加准确。

西汉朝廷管理官员，有奖有罚，诛赏严明（司马光语）。对于作出重大贡献的官员，有特殊贡献的官员，其奖励之方式多种多样，有的给封官或提升官职，有的给赐金分配田宅，有的兼而有之，有的调动职位，而给予高级的俸禄待遇——九卿的俸禄。《汉书·循吏传》中记载的王成、黄霸、召信臣等人即是如此。

1. 王成：王成为东相时，使 8 万多流民得到了安置，政绩卓著，汉宣帝赐王成"爵关内侯，秩中二千石"。关内侯与王成原来的东相之俸禄属于同一等级，赐爵关内侯并没有提升王成的官职，但让王成享受中二千石的俸禄——九卿的待遇，即是对王成的特别奖励。

2. 黄霸：黄霸原为颍川太守，因其为官政绩突出，"赐爵关内侯，赏金二百斤，秩中二千石"。关内侯与颍川太守为同一等级。赐爵关内侯，官职等级并未提升，但让其享受中二千石的俸禄，却是让其享受了九卿的待遇，这也是对黄霸突出功绩的特殊奖励。

3. 召信臣：召信臣为百姓兴利，郡以殷富。汉宣帝奖给他黄金

40斤，将他由南阳太守调为了河南太守，又"复教增秩"，提升了他俸禄的等级。由南阳太守调为河南太守，是同一等级的调动。太守的俸禄是二千石，让召信臣"增秩"提升他俸禄的等级，即将召信臣的二千石等级提升为了中二千石。召信臣二千石的官职而让其享受中二千石九卿的俸禄，不是九卿而让其享受九卿的待遇，也是对召信臣特殊功绩的特殊奖励。

不是九卿而让其享受九卿的待遇，还发生在一些特殊的事件中。例如，公元前28年的河平元年，王延世治理黄河水患立了大功，朝廷封王延世为光禄大夫，按规定，光禄大夫的年俸是"比二千石"，但汉成帝却破格让其享受比光禄大夫高出二级的九卿的俸禄——中二千石的俸禄，这也是汉成帝对王延世特殊功绩的特殊奖励。

上述四位官员，或因为官勤勉，或因从政政绩突出，他们的官职等级虽没有提升，他们的俸禄却享受了九卿的待遇。苏武的情况也与此相类似，汉昭帝与霍光封他为二千石的典属国官职，而让他享受的却是九卿"中二千石"的俸禄，这九卿的俸禄待遇，自然是对苏武特殊功绩的特殊奖励。不同的是，四位官员享受比他们的职务高一级的俸禄待遇，史书记载得比较清楚，记叙的文字中有些说明，读者容易看得清楚明白，而苏武俸禄的记载，没有文字的特别说明，读者读至此处，如果不认真思考，还以为苏武的中二千石俸禄是典属国官员的俸禄，从而忽略了苏武享受九卿俸禄待遇是汉昭帝与霍光对苏武破格奖励的事实。

汉代，管理官员有奖有罚，诛罚严明。奖，体现在了苏武享受中二千石——九卿俸禄的待遇之上；罚，苏武的身上也有体现。

苏武与霍光、上官桀、桑弘羊等人均有着良好的友谊。苏武归来的第二年，上官桀、桑弘羊等人联合对付霍光，进而发展到企图谋害汉昭帝。苏武的儿子苏元也参与了上官安的阴谋活动。上官桀与桑弘羊等人的阴谋败露被镇压后，苏元也死于狱中。廷尉审理这一重大案件时，向皇帝奏请要逮捕苏武，霍光没有同意，但免去了苏武的典属国官职，中二千石的俸禄也降为了二千石的俸禄。汉昭帝去世后，苏武因为"以故二千石"（《苏武传》）的身份参与了汉宣帝的拥立，而被重新重用，"赐爵关内侯"，又复为"右曹典属国"。史书虽然没有记载苏武任为右曹典属国后的俸禄变化情况，但从苏武被汉宣帝尊为"著节老臣"，让苏武只在每月初一与十五上朝，并让苏武担当祭酒的荣誉安排上看，从苏武画像入麒麟阁的规格上看（入麒麟阁者，仅有 11 人），汉宣帝时期，苏武是受到了特殊的礼遇与优待，他的俸禄也应该是九卿 —— "中二千石"的待遇了。

（原载于 2011 年 9 月《宁夏文史》第 27 辑）

参考书目

1.《汉书》，班固等撰。

2.《资治通鉴》，司马光等撰。

3.《册府元龟》，王钦若、杨亿、孙奭等撰。

4.《史记》，司马迁撰，原名《太史公书》。

5.《两汉纪》，《汉纪》，荀悦撰，《后汉纪》，袁宏撰。

6.《后汉书》，范晔撰。

7.《汉书辞典》，仓修良主编。

8.《居延汉简研究》，陈直著。

9.《西汉会要》，徐天麟编撰。

10.《魏书》，魏收撰。

11.《水经注校》，王国维校。

12.《三辅黄图校证》，陈直校证。

13.《汉印文字征》，罗福颐编。

14.《十钟山房印举》，陈介祺辑。

15.《汉旧仪》，东汉卫宏撰。

16.《汉书新证》，陈直著。

17.《汉印文字类纂》，又名《印字类纂》，孟昭鸿撰。

18.《说文解字》，许慎撰。

19.《说文通训定声》，清人朱骏声著。

20.《印典》，康殷、任兆凤主辑。

21.《汉印文字征补遗》，罗福颐编著。

22.《元和郡县图志》，李吉甫撰。

23.《括地志辑校》，贺次君辑校。

24.《讱庵集古印存》，汪启淑所辑。

25.《竹书纪年》是春秋时期晋国史官和战国时期魏国史官
　　所作的一部编年体史书。

26.《梦溪笔谈》，沈括撰。

27.《陔馀丛考》，赵翼撰。

28.《篆刻学》，邓散木著。

29.《诗经》，作者佚名。

30.《周礼》，系前秦古籍。

31.《金文编》，容庚编著，张振林、马国权摹补。

32.《中国历史地图集》，谭其骧主编。

33.《本草经》原名《神农本草经》，曹元宇辑注。

34.《周礼今注今译》，林尹注译。

35.《本草纲目》，李时珍撰。

36.《新唐书》，宋祁、欧阳修、范镇、吕夏卿等合撰。

37.《山海经》，成书于战国时期至汉代初期。

38.《太平寰宇记》，乐史撰。

39.《王琼集》，单锦衍辑校。

40.《水经》，桑钦著。

41.《水经注疏》，杨守敬著。

42.《读史方舆纪要》，顾祖禹创作。

43.《三辅黄图附补遗》，毕沅校正。

后 记

　　2016年，我将父亲撰写的有关盐池县的一些文章结集成《陈永中盐池历史研究文集》并出版。时隔八年，再一次为父亲编辑一本《史籍校勘与汉印研究》，完成父亲多年的心愿，把他多年研究《史记》《汉书》《后汉书》等史籍的成果汇集成书。其中有些文章已经陆续在宁夏文史馆的刊物《宁夏文史》刊登过。

　　父亲年事已高，听力逐渐减退，与人交流起来非常吃力，有时候母亲就是他的"翻译官"。2020年，父亲在宁夏文史馆的大力支持下，将考察研究银川这座城市的历史写成了《银川建城史再研究》一书并出版。这次出版《史籍校勘与汉印研究》一书，是父亲毕生的心血结晶，标志着父亲研究史籍成果的又一次提升。

　　父亲的文章大都是考证性的文章，引用原文颇多。本书收录的36篇文章中仅《汉书》一书的引文就有100多处，涉及参考书籍有40余种，每一篇都要核对原文出处，我只能是利用晚上、周末时间完成。我将父亲的藏书搬回盐池，校对完毕再送回银川，那一段时间里，我的小书房到处都堆着书，爱人还贴心地在网上给我购买了一个可移动的小书架，方便我放置书籍和打印书稿。我们父女就这样在校对原文的过程中度过了一段辛苦但美好的时光，有时也有对文章理解的争执和妥协。有时考证一句话、一个字，要查阅好几种典籍才能考证清楚，虽然以前给父亲编辑过一些考证性的文章，但这次编辑这本书，还是耗费了我大量的精力。比如要千方百计查找一段引文的出处，再核对原文；查找一个生僻字，或者有些字繁体简化了，还要校对准确了再用。一枚小小的汉印，有些我辨认不出来，找不到出处，我只能边学习边摸索，在和父亲一次次沟通中，力求做到精益求精、准确无误。

搞史籍研究的人，都是能耐得住寂寞、守得住清贫而又目标明确的人。父亲平时省吃俭用，闭门谢客，专心著书，虽身居陋室却有鸿鹄之志，母亲在背后默默无闻地支持着父亲的工作。父亲床头的《汉书》不知翻看了多少遍，从那些磨损的书脊、脱落的封皮、卷曲的纸张、密密麻麻的批注可以看出，不看几十遍甚至百遍，不会被"折磨"成这副模样，好几册书他用胶带粘了后才能勉强查阅。

古人说"读书百遍，其义自见"，已经年逾古稀的父亲胸中藏着一部秦汉史，随便哪段历史，都能娓娓道来。他老人家严谨的治学态度影响着我，也感动着我，更激励我在人生道路上不敢懈怠，勇往直前。相信父亲这本《史籍校勘与汉印研究》，能让爱好历史的朋友从中受益，得到启迪。

陈　静

2024 年 3 月 29 日

图书在版编目（ＣＩＰ）数据

史籍校勘与汉印研究 / 陈永中著 . -- 北京 : 中国
文史出版社 , 2024. 6. -- ISBN 978-7-5205-4779-6

Ⅰ . K204

中国国家版本馆 CIP 数据核字第 2024NJ9114 号

责任编辑 : 梁　洁　装帧设计 : 陈　静　杨飞羊

出版发行 : 中国文史出版社

社　　址 : 北京市海淀区西八里庄路 69 号　邮编 : 100142

电　　话 : 010-81136606　81136602　81136603（发行部）

传　　真 : 010-81136677　81136655

印　　装 : 廊坊市海涛印刷有限公司

经　　销 : 全国新华书店

开　　本 : 787mm × 1092mm　1/16

印　　张 : 15

字　　数 : 160 千字

版　　次 : 2025 年 1 月北京第 1 版

印　　次 : 2025 年 1 月第 1 次印刷

定　　价 : 65.00 元